世界科普巨匠经典译丛·第三辑

微生物猎人 上
WEISHENGWU LIEREN
终于制服了疯狗

（美）克鲁伊夫 著　丁荣立 译

上海科学普及出版社

图书在版编目（CIP）数据

微生物猎人：终于制服了疯狗.上 /（美）克鲁伊夫著；丁荣立译.—上海：上海科学普及出版社,2014.2（2021.11重印）

（世界科普巨匠经典译丛·第三辑）

ISBN 978-7-5427-5880-4

Ⅰ.①微… Ⅱ.①克…②丁… Ⅲ.①微生物学－生物学家－生平事迹－世界－普及读物 Ⅳ.① K816.15-49

中国版本图书馆 CIP 数据核字 (2013) 第 222299 号

责任编辑：李 蕾

世界科普巨匠经典译丛·第三辑
微生物猎人 上
终于制服了疯狗
（美）克鲁伊夫 著　丁荣立 译
上海科学普及出版社出版发行
（上海中山北路 832 号 邮编 200070）
http://www.pspsh.com

各地新华书店经销　三河市金泰源印务有限公司印刷
开本 787×1092 1/12　印张 14.5　字数 176 000
2014 年 2 月第 1 版　2021 年 11 月第 3 次印刷
ISBN 978-7-5427-5880-4　定价：35.80 元

本书如有缺页、错装或坏损等严重质量问题
请向出版社联系调换

微生物猎人

第一章 列文虎克：第一个捕捉微生物的人

心高气傲的卖布小贩　003
发现新世界　008
一滴水里的世界　013
无尽的启迪　019

第二章 斯帕拉捷：微生物具有母性

怪僻的孩子　029
质疑自然发生说　032
寻找证据　036
铁证如山　040
满载荣誉　045
微生物的繁殖方式　048
斯帕拉捷精神　054

第三章 巴斯德：微生物是危险物

恶狼事件的影响　059
发酵桶里的秘密　064
不需要空气的微生物　072
无可辨驳　078
葡萄酒变质问题　086
蚕　瘟　090

目录 CONTENTS

微生物猎人

加热就行了 ………………………………………… 095
梦想与光荣 ………………………………………… 099

第四章 科赫：与死亡作斗争的战士

只因显微镜 ………………………………………… 105
发现炭疽杆菌 ……………………………………… 108
寻找根源和对策 …………………………………… 115
热情和理智 ………………………………………… 118
最佳培养液 ………………………………………… 122
结核杆菌 …………………………………………… 125
霍乱杆菌 …………………………………………… 131
该说再见了 ………………………………………… 136

第五章 疯狗与巴斯德

热情似火的探险者 ………………………………… 141
鸡霍乱的收获 ……………………………………… 145
鸡霍乱菌苗和炭疽菌苗 …………………………… 148
伟大的实验 ………………………………………… 155
载入史册 …………………………………………… 156
炭疽菌苗的争议 …………………………………… 156
狂犬病疫苗 ………………………………………… 161

第一章

列文虎克：第一个捕捉微生物的人

你可能拜读过斯帕拉捷传，他的威名远扬；你可能读过巴斯德传，他的想象力比他人高成百上千倍；你甚至会阅读过罗伯特·科赫传，他为了使人类免受微生物的伤害，作出了更明确更有利的贡献。他们以及更多的微生物猎人们，都比列文虎克名气更大。但是，他们无人能像这位荷兰行政人员一样忠心耿耿，一样精准细致，他的真才实学给其他人带来了无尽的启迪。

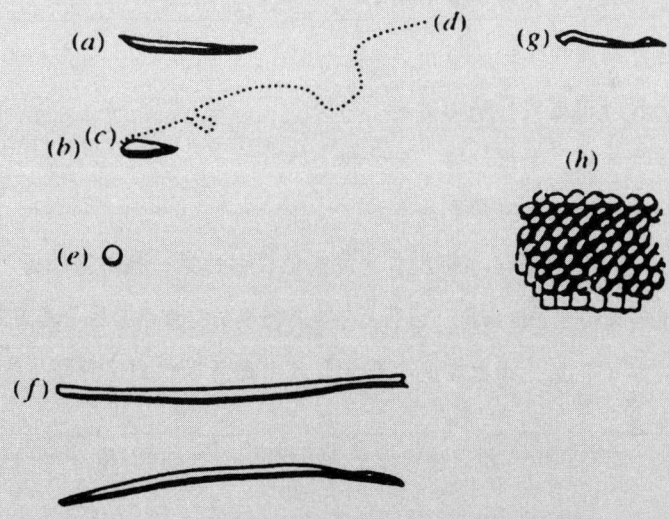

列文虎克简介

全名为安东尼·范·列文虎克,荷兰显微镜学家、微生物学的开拓者,有"微生物学之父"的美誉。主要成就是改进了显微镜和建立了微生物学。

生平主要事迹

1632 年　列文虎克出生

1648 年　到阿姆斯特丹一家布店当学徒

1652 年　回代尔夫特自营绸布

1669 年　任代尔夫特市的"葡萄酒测量员"

1673 年　详细地描述了他对人、哺乳动物、两栖动物和鱼类等红血球的观察情况,并把它们的形态结构绘成了图画。其后,他的发现陆续以通信的方式报告给英国皇家学会

1674 年　观察细菌和原生动物

1675 年　发表对雨水的观察记录

1677 年　首次描述了昆虫、狗、兔子和人的精子

1680 年　被选为英国皇家学会的会员

1683 年　《皇家学会哲学学报》首次发表他提供的第一幅细菌绘图

1684 年　准确地描述了红细胞,证明马尔皮基推测的毛细血管层是真实存在的

1702 年　观察了轮虫,指出在所有露天积水中都可以找到这种微生物

1723 年　病逝

心高气傲的卖布小贩

250年前，一个充满神奇色彩的新世界，被一个原本默默无闻的人——列文虎克，惊奇地发现了。在这个神奇的世界里，生活着成千上万种是"小人国"的小人的十万分之一的小生物。它们中有的是罪大恶极的凶手，真可谓杀人不眨眼；有的是助人为乐的益友，对你我大有帮助；甚至有的对人类的重要性，远大于我们生存的陆地或者群岛。

直至今天，列文虎克的名字也没有多少人知晓，更不用说会有人去歌颂或者纪念他了。他的名字，就如同他所发现的微小生物一样，已被不少人遗忘了。本书第一章，特地向大家介绍列文虎克。要知道，他可是人类第一位成功捕捉

列文虎克

微生物的猎手,我们应该感谢他,纪念他。正是他的发现,才会有这么多的科学家投身到捕捉微生物的探险中,将自己的一生与死亡作殊死搏斗。他们前赴后继,无所畏惧,锲而不舍,并拥有一种打破砂锅问(纹)到底的精神。在本书中,我们就讲讲他们的故事,他们孜孜不倦地工作,细致入微地观察,只为了揭开蒙在那个神奇、怪异的新世界上的面纱,一展它的真实容貌。他们是一群同死亡作斗争的勇士,在这项危险的工作中,他们不怕在黑暗里摸索,也不顾忌得焦头烂额,甚至犯下大错,也不在乎是否能实现目标。他们中甚至有好几位牺牲了宝贵的生命,只为一次大胆的冒险,而被他们的敌手——微生物暗杀。他们静悄悄地离开人世,没有人知晓,也无人送行。

然而在如今这个社会中,凡是跟科学沾点儿边的人,都被冠以了"科学家"的头衔,享受着人们无限的尊敬。他们俨然成为了这个社会中的重要人物,就算没有大的建树,可也早已成为了各大新闻报纸争相报道的话题人物,为他们而建的各种实验室也遍布于城市的各个地方。在这样一个时代,差不多每个想在科学领域有所成就的大学生,都能够在从事研究工作以后,慢慢地成为有名的科学家和教授。但是,在250年前的时代,当你处于列文虎克当时的环境中时,选择这样一个职业,是需要慎重考虑的。尤其当你还只是一个刚刚跨出校门的大学毕业生之时。

可生物的世界又是那样有魔力,吸引着你去一探究竟。就如同小时候,当你不幸得了腮腺炎的时候,肯定会禁不住问自己的父亲:"我为什么会得这个病呀?"父亲会告诉你,那是因为,有个叫做腮腺炎的病魔,它悄悄钻进了你的身体里。也许当时,你根本就不相信父亲的解释。可是,你却丝毫也不敢把这种怀疑表露出来。要是让父亲发现你居然不相信他,他一定会痛骂你一顿。虽然你心中有太多太多的疑问,可在儿时,父亲就是你生命中的神,容不得有丝毫质疑。也因此,为了让父亲觉得你是相信他的,你也就不敢再继续追问下去了。那些未知的疑问,就这样一天天堆积在你的脑海中,越来越多,成为了你日后兴趣的所在。

300多年以前,当列文虎克刚刚出生的时候,世界也正如此,人们迷信于

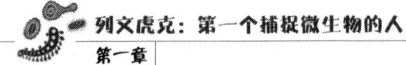

鬼神与魔力，社会依然处于一片愚昧无知的状态中，科学（其概念就是依靠仔细观察和清晰思考来寻求真理）还不过是个蹒跚学步的婴儿，根本站不稳脚跟。那时，因为解剖了一具尸体来研究人体结构，米格尔·塞尔韦特就被活活烧死了；而伟大的伽利略仅仅因为宣扬地球是围绕太阳旋转的这个理论，竟然被当权者判处了终生监禁的重刑。

1632年，在一个蓝色风车呼呼旋转，有着高高的河堤和低矮的街道的美丽城市——荷兰的代尔福特市，诞生了我们伟大的微生物猎人：安东尼·列文虎克。荷兰一直是个非常重视酒文化的地方，在这里，人们对那些会酿造美酒，制作精美物品的劳动者，非常尊重。列文虎克就生活在这样一个城市里。他很小的时候父亲就去世了，而母亲为了他的前途着想，又狠心将他送往了远处的学校进修。可他对进修并不感兴趣，16岁时就放弃了学业，去了一家卖布匹的小商店干活。可以说，那个喧闹的店铺才是他真正意义上的第一所学校。读者朋友可以想象这样的情景：那是一个后世备受尊崇的大生物学家，可当时，他每天在布匹堆中摸爬滚打，耳边回响的都是装着银币的抽屉发出的叮当声，身边来来往往的也全都是各种各样的家庭妇女，言谈粗鄙，会为了一毛两毛钱而大吵不止，而作为一个小店员，他又不得不待之以礼。在长达六年的时间里，列文虎克就挣扎在这样的环境中。

离开这家店铺的时候，列文虎克已经21岁了。他回到了德尔福市，又结了婚，自己经营了一家布店。之后20年的时间里，我们不清楚他到底发生了什么事，只知道他又娶了两个老婆(都是续弦)，还生了几个孩子，不幸的是大多都夭折了。能够肯定的一点是，在这段时间里，他在市政府工作，是一名房屋管理员，并且，他还有一个特别的爱好，那就是研究磨透镜，甚至到了痴迷的状态。以前有人告诉他，一块透明的玻璃如果能被磨得非常薄，就能观察到肉眼所无法看见的细小物体……没有人知道，20岁到40岁之间的列文虎克到底做过些什么，在世人眼中，他是一个极其蠢笨的粗人。他只会说荷兰话，这在当时，是只有渔夫、小商贩、苦力才会说的低贱语种。而有身份的人使用的则是拉丁语，可列文虎克对此一窍不通，连他仅有的一本书，也是荷兰语版的《圣经》。但这些所谓的无知与蠢笨，非但并不重要，反而大大地帮助了他。正因为如此，他对流行的"真理"一无所知，唯有靠着自己的眼睛去发现，凭着自己的头脑去思考和判断。对列文虎克来说，这可并不是一件难事，他可以算是这世界上最有毅力、最执著的人之一了。

列文虎克是一个极具怀疑精神的人，对任何并非出自自己手的东西，都抱着怀疑的态度。虽然，当时人们都说，有这样一种透镜，能观测到肉眼所无法看到的物体。这听起来似乎很玄乎，也的确勾起了生物狂人列文虎克的好奇心，可即使这样，他也不愿意去买透镜，而非得自己也研究出一种来，做自己的实验。在这销声匿迹的20年中，他在眼镜店铺中做工，在那里学会了一些基础的镜面知识。他结交了一些炼金士和医药人士，向他们请教那些冶炼之术。他还到金银店铺中，向工匠学习技巧。他还是个追求完美之人，即使已经磨出了最讲究的透镜，即使当时他炉火纯青的技艺，已经与当时全荷兰最好的工匠不相上下，却依然不满足。他好像忘记了所有的劳累，无法停止前进的步伐，脑子里想的全是一定要造出最完美无缺的透镜。他忍受着烈火燃烧的烟熏火燎和难闻气味，将金银制品熔化，镶嵌进细小的椭圆镜框中。但这些辛劳的付出，在今天看来都只是一些廉价的产品。现在，一架崭新的显微镜只需要75美元就能买到，科

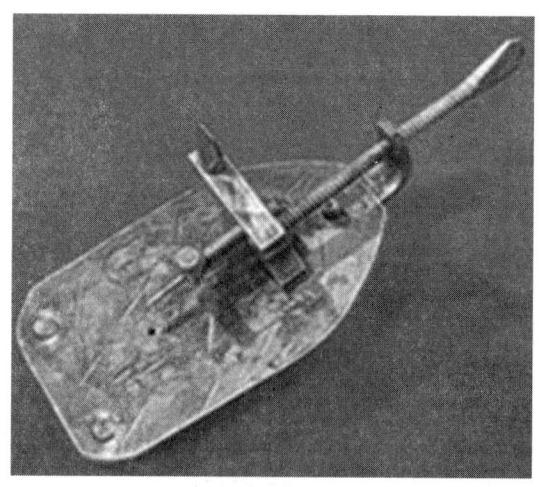

列文虎克设计的显微镜

研工作者在使用它时，可以自由旋转，调整角度，观察非常细微的物体。他们根本不用去想，也不会去想，显微镜是怎样制作的。而列文虎克却恰恰相反。

邻居们都以为，他准是疯了。可列文虎克仍然坚持着，丝毫没把像烫出个水泡这种小事情当回事儿。他忘我地工作，把妻子儿女抛在脑后，忽视身边的朋友，独自在深夜里全神贯注地做着细致的工作。就在邻居们背后的讥笑声中，他发现了制作小透镜的另一种方法。他制作的小透镜，直径还不足八分之一英寸，却是那么精致完美。通过它看到的小东西都被放大了很多倍，而且非常清晰。世事就是这样荒谬。他是这样一个毫无学历之人，却制作出了全荷兰独一无二的透镜。他毫不在乎邻居们的嘲笑，说道："他们懂得的知识实在太少了，我才不会跟他们计较呢。"

现在，这个心高气傲的卖布小贩，把他的发明运用得淋漓尽致。凡是经过他手的物品，都会一个不漏地被拿到透镜下观察。通过透镜，他看清楚了人体的皮下组织和鲸鱼的肌肉组织。他拿着捡来或者花钱买来的牛眼睛，从这些眼睛里看到了水晶体曼妙多姿的组合，感到大吃一惊。他还观察起了羊、海狸和麋鹿这些动物的毛料构造，发现在透镜下，这些原本细小的绒毛看上去就像木头般粗大。他把一个苍蝇的头非常仔细地解剖开来，将它的脑汁非常仔细地粘在透镜的镜片上，对着这个扩大的巨型苍蝇脑子颇为赞赏。他也非常仔细地观察过许多植物的种子，还有树木的横切面。当他第一次观测到跳蚤身上的刺和虱子细小的腿，放大后竟然这般惊人时，由衷地发出了一句感叹："竟然存在这样的事！"列文虎克像一条嗅觉敏锐的小狗，对周围的一切充满好奇，总是忍不住去嗅嗅，无论气味如何。

发现新世界

我想，列文虎克可能算是世界上最具怀疑精神的人了，连最微小的跳蚤刺和虱子腿，都要反反复复地研究很多遍。那些标本被他粘在透镜那神奇的镜片上，几个月都舍不得拿下来，因为他需要反复研究，不断发现和改正错误。可他需要观察的东西又实在太多了，所以只能不断制作新的透镜。最终，他的透镜多达上百架。他要历经几百次的仔细观察，直到证明只要条件一样，得出的结果也一样的情况下，才敢下一个结论，或者画一张结论图。并且，就算到了此时，他仍然是犹豫不决的！

他解释道："一个人在第一次使用透镜以后，肯定会发现，自己现在所看见的，与以往大不相同，甚至是曾经最熟悉的观察，都可能是一场视觉的欺骗。我花费了很多的时间去做这些实验，这是我的爱好。很多人可能都不会相信，不禁会问，这么做有什么好处？为什么要给自己制造那么多麻烦？可我一点也不在乎。我只为那些懂我的哲人服务！"这样的工作他坚持了20年，即使没有一个观众。

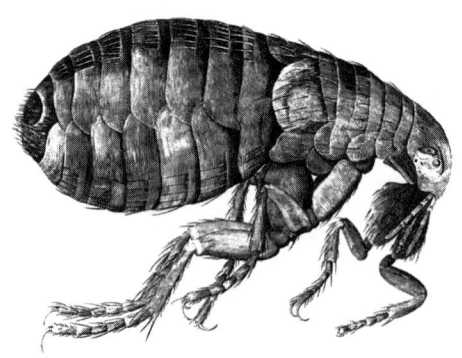

列文虎克显微镜下的跳蚤

可就在17世纪中期的时候，发生了一些轰动全球的大事件。法国、英国和意大利纷纷出现了许多另类"人物"，对那些所谓的"学问"表现出一种轻蔑的态度。从这些叛逆者口中经常传来一些话："我们不可以再把亚里士多德看作权威的圣人了，也不能再对教皇的话言听计从！我们只应该相信亲眼所见和亲身发现的事情：只有铁铮铮的实验才值得相信，别的都是浮云！"英国有一个名为"无形学校"的组织，它是几次革命的综合产物。这个组织里的人行事都遮遮掩掩的，生怕自己处理问题的奇怪方式会被克伦威尔知道，万一暴露了自己，等待他们的只能是冰冷的绞刑架和阴谋论者的罪名。这些备受尊敬的学者究竟在做什么实验呢？有哲人曾经做过形象的说明，将蜘蛛困在一群猛兽中时，它肯定难以突出重围。想知道那些"无形学校"的学生是怎么做的吗？他们是这么做的：有人带来了蜘蛛，有人带来了兽粉，同时装进了一只瓶中。所有人都围在高高悬挂的烛光下，不发出一点声响，就这样悄然无声地试验着。他们的实验结果可以概括成一句话："把一个蜘蛛放在用兽粉画的圆圈中间，它会马上被困在里面。"

你可以对这个实验发出一句感叹：这简直就是闹着玩嘛！完全正确！可是你别忘了，这些学员里面，有很多都是知名人士，其中一个更是著名的化学学科开山鼻祖罗伯特·波义耳，还有一个就是赫赫有名的艾萨克·牛顿。"无形学校"当时确实是这么做的，就在查理二世登基不久，这个组织就跟着扶摇直上，从一个不起眼的小学校晋升为了"英国皇家学会"，而学会里的成员，也成为了安东尼·列文虎克的第一批观众！在德尔夫特，只有雷尼尔·德·格拉夫不曾讥笑过列文虎克。他在当地颇具名望，从前皇家学会的老学究、老贵族们选他做通讯会员，因为他曾用信件的方式，把自己对人体卵巢的有趣发现告诉了他们。此时，列文虎克已经开始变得越来越偏激了，根本不相信任何人，不过他依然告诉德·格拉夫，一定要用他那神奇的发明——透镜去观察事物，它是连欧洲、英国甚至全世界都无法企及的先进发明。德·格拉夫在使用过这些透镜后，大感惊讶，觉得愧对自己的虚名，于是马上给皇家学会写信推荐列文虎克："邀请列文虎克本人把他的发现亲自汇报给你们。"

因为无知，列文虎克反倒无所畏惧，欣然答应了皇家学会的请求。他压根就不知道，阅读他报告的人竟会是这样一群知识渊博的哲学家。他的回信非常长，文字自然、简洁、风趣，内容详实，遍及世间万物，美中不足的是，信文用的是荷兰语，因为这是他唯一会用的一种语言啊。信文的标题是这样的："使用列文虎克先生所发明的透镜，能够观察到数不胜数的标本结构，有皮革的，有肉制品的，还有蜜蜂等动物的身体结构的，等等。"对此，皇家学会的成员感到非常惊讶，那些博古通今的贵族们也感到有趣极了。列文虎克对他们说，通过他的新透镜，能看到一个美妙至极的新世界。学会的行政人员给列文虎克回信，表示了专家们的感谢，并且希望能继续和他保持联系。在这之后的50余年里，他们的通信次数多达上百次。通过信件，列文虎克发表了一大堆不切实际的夸夸其谈，还诙谐地评论了他对那些"愚蠢"的邻居们的看法，揭发了江湖术士和他们口中那愚昧的迷信，偶尔也谈及自己的身体状况。可几乎每一封信中，总有一些看似无关痛痒的只言片语，让皇家学会的学究和贵族们大开了眼界，见识到了一名底层的商贩通过他神奇的发明观察到的那些惊人的真相。那是多么神奇的发现啊！

有很多很基础的科学发现，在如今的我们看来，似乎都是那样简单，简直不值一提。可在千年的历史时光中，人们不断探寻，却偏偏没发现这些简单的事物，搞不清楚这究竟是怎么一回事，微生物学科也就是如此。现在，任何人都能看见微生物那跳动的身影，不论有无渊博的学识，就算是资历尚浅的医学院学生，也能轻易发现很多人们不曾了解的病菌。可为什么首次发现微生物，就这样困难呢？

但是，我们千万不要因此就轻视别人，要知道，在列文虎克出生的时候，透镜还不存在呢。当时只有简陋的放大镜，它最多也就能把10分币放大到25分币那么大。如果列文虎克没有坚持不断地磨制透镜，荷兰人也许到老都不会知道，这世上还有比干酪虫更小的微生物。上文就说过，列文虎克用近乎痴迷的态度、追求完美的心态，以及疯子般狂热的好奇心，探寻一切最常见和最骇人听闻的东西。事实也的确是这样的。那是一个下雨天，列文虎克准备好了蜜

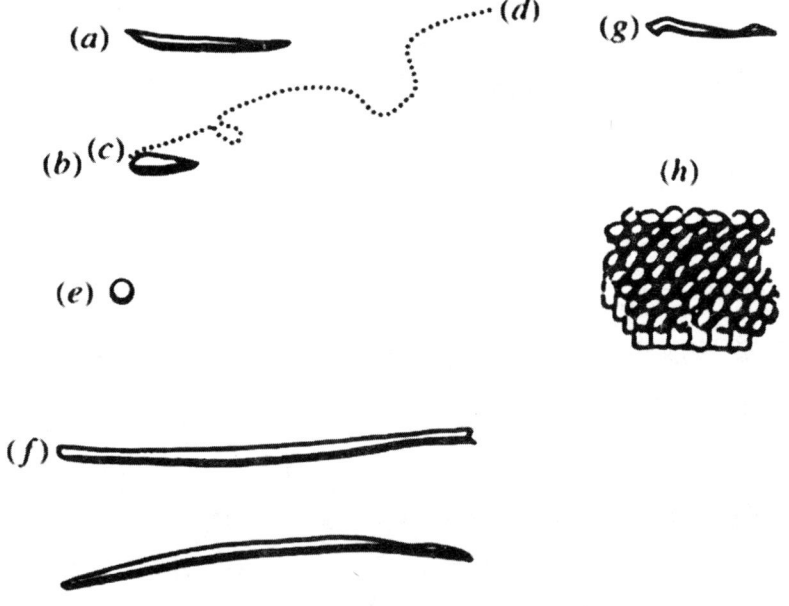

列文虎克1683年用他的显微镜看到了细菌，这是他的记录原件。他是从牙垢里取出的。a, b, f 表示细菌，c, d 表示移动，e, h 表示球菌，g 表示螺旋菌（spirochaete）

蜂刺、人的胡须、头发等各种各样的东西，将它们放在了他那神奇的透镜下，就有了惊人的发现。

  而这个惊人的发现，就是本书所要重点讲述的，划时代的伟大发现。列文虎克简直就是一个疯狂的痴迷者，除了他以外，没有人会对那些来自天空的晶莹雨滴感兴趣。难道水里面还会有水以外的其他东西？虽然他拿着玻璃细管疯狂烧烤，将它们熔化又拉长的行为非常可怕，可列文虎克那年仅19岁的小女儿玛丽亚，不但没有嫌弃他，反而将他照顾得非常周到。她是个孝顺的好孩子，坚信无人会嘲笑自己的父亲。可她想不明白，父亲整日抱着这么个细小的玻璃管，到底是要做什么呢？

  我们可以设想一下，假如玛丽亚看着一个精神混乱、双目无神的人，趴在花园里盯着断裂的瓶子发呆，会有什么感想！她看见自己的父亲，傻傻地从罐子里拿出一些雨水，再放进他那神奇的透镜里……

她肯定会忍不住好奇，父亲到底要做什么？

她看见他的眼神迷离，眼睛都快眯成了一条缝，出神地注视着那个透镜，深沉地自言自语了几句……

突然，他高兴地大叫了起来："快过来看啊！雨水里还有小生物呢……它们在自由自在地游动、嬉戏呢！平常我们用肉眼看到的一切小生物都比它们要大一千倍呢……天哪，看看我发现了什么！"

接下来，列文虎克迎来了这辈子中最自豪的日子。亚历山大在印度看到了希腊人从未见过的大象。而对于印度人来说，这些大象是最常见的，就像在希腊见到马一样。恺撒在英格兰遇到了野蛮人，他惊诧不已，可这些野蛮人却互相间非常熟悉，就像恺撒很熟悉罗马的百人大队领袖那样。当巴波尔第一次看见太平洋的时候，他有什么可骄傲的呢？那是中美洲的印第安人最熟悉不过的大洋，就像巴波尔很熟悉地中海一样。在现代人看来，列文虎克又有什么可自豪的呢？可在当时，这的确值得！作为一个德尔夫特的普通商贩，他竟然走进

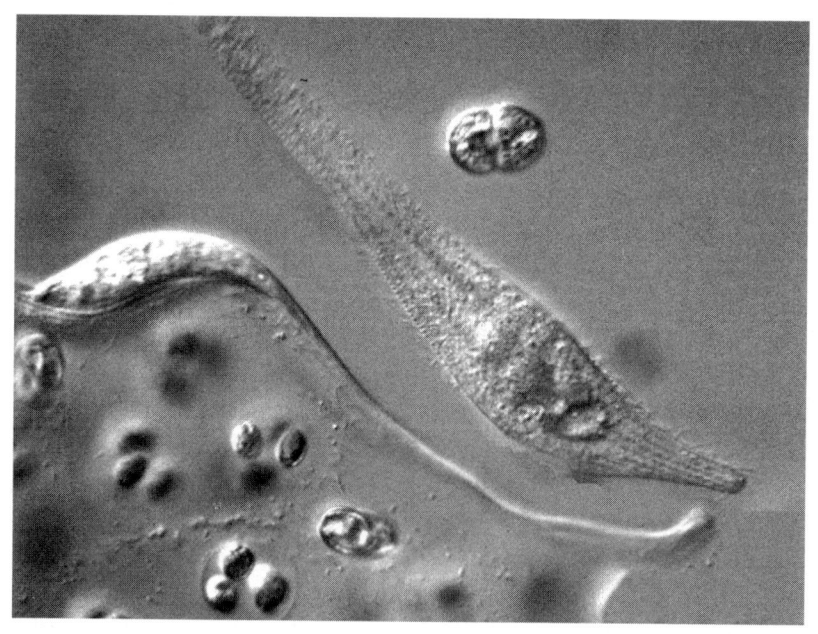

雨水里的小生物

了一个肉眼从未发现的奇幻世界，在那里探索追寻；那里到处都是小生物，它们经历过斗争、繁衍、死亡，一步步活了下来，从古至今，从不暴露自己，人们对其完全不知。这些比人类小千万倍的微生物，却带有强烈的野兽性情，随时可能夺走人的生命，甚至毁灭全部人类。这些生物的野蛮程度超过了火巨龙、九头怪这样的可怕生物。它们每次行凶都默不作声，把婴儿扼杀在温暖的摇篮中，让帝王死在高墙深院里。这些肉眼看不到的小生物，看似微不足道、和蔼可亲，实际上却凶恶无比。列文虎克可以称得上是人类历史上第一个对它们做仔细观察的人。

这一天，是列文虎克最难忘而自豪的一天……

一滴水里的世界

大自然神秘无比，蕴含着太多我们无法掌控、无法预料的事，而列文虎克则把自己对自然的赞赏和惊讶毫无顾忌地表达了出来。他的时代天真烂漫，深深地吸引着我，我多么想把自己和读者都带回那个时代。那时候的人们，不再迷信奇迹，开始逐渐发现更多如梦如幻的事实。让我们一起走进这个思想简单的荷兰人的世界，包括他的鞋子、头脑和身体，去体会他在第一次仔细观察到这些跳动的"小畜生"时的那份兴奋，那叫人作呕的疯狂行为吧。此时，他的那种感觉一定是非常奇妙的！

他给它们起了个名字，叫"小畜生"。上文中我曾提到，他是一个非常多疑的人。这些小动物简直小到了极点，奇怪到了极点，乃至看着一点都不真实。因此他不得不百般观察，一直到腰酸背痛，头晕眼花方才罢休。它们的再次出现证实了他的判断属实；它们并不是上次看到的那种，而是比那种大，"那些数不清的细脚，让它们可以灵活游动。"慢着，刚说的这是第三种，其实还存在着第四种，它们实在太小了，我都无法看清它们的样子。这些有生命的小家伙们，畅游在玻璃管的水世界里，来来回回，每一次都能冲出很远的距离，速度相当快！

列文虎克的记录是这样的："它们静止下来，一动不动，如同停留在某个地方，接着就开始迅速转圈，就像陀螺那样，其实，它每转一圈的圆还没有细沙子那么大。"

尽管他那东闻闻西瞅瞅的方法并不管用，但列文虎克仍然是一个实事求是的人。他不会轻易去捏造事实，但他会计较每一个数额的实际值。为了测量这些小畜生的大小，他正在为如何制作测量标尺而煞费苦心。他皱起眉头，苦思冥想："最后这种最小的畜生究竟有多大呢？"他研究的事物不止千种，但你无论如何也无法想象，他的研究到底有多么清晰明了；他找遍了最古老的方法，不放过任何一个角落，终于做出了如下计算："最后被发现的这种生物，只有一只大虱子眼睛的万分之一！"他的结论是精确的。因为我们如今早已清楚明白，一只成熟虱子的眼睛，与别的虱子的千万只眼睛，是一样大的。

可是，雨水里这些奇怪的小居民到底来自哪里呢？是从天空中落下来的吗？它们逃过了人类的眼睛，从地上爬进了罐子里？或者是上帝凭空创造出来的？列文虎克信仰上帝的程度，跟17世纪时期的荷兰人不分上下。他坚信大自然的所有物种全都是上帝创造的。然而，虽然列文虎克极度崇拜上帝，但他又是一个凡事讲究事实的人。他渊博的知识告诉他，生物才是生命的源头。可是宗教信仰却又告诉他，世间万物全是上帝用6天时间创造出来的，此后，上帝便安然坐下来，对那些遵循规律的人予以奖励，对那些胡作非为的人则予以处罚。他不再认为这些小动物是随同细雨从天上落下来的，因为上帝不会平白无故地创造这些动物！但是，他又不断怀疑，万一要是有这种可能呢？实在不行，那就只剩下最后一种办法来弄清楚它们的来历了，那就是做实验！他自言自语地说道。

列文虎克先是把一个洗干净的杯子放到水管下方，然后在细小的管子里滴入一滴水，接着放到透镜下仔细观察。事实确实如此！数不清的微生物在里面游曳着。"原来刚下的雨中也存在这种小动物！"但一番推敲后，他又遗憾地发现，这次实验实在无法证明任何有意义的东西，这些微生物极有可能原本就存活在水管里，只是后来进入到雨水里了。

心有不甘的列文虎克又做了一个实验，他取出一个上了青花釉的瓷盘，把它洗干净，然后冲进雨幕中，把瓷盘放在一只大木箱上（这是为避免落下来的雨滴会把泥土溅入盘中）。稍等片刻后，他倒掉了盘中接满的雨水，这是为了确保盆子是干净无污的。接着他又略等片刻，用滴管吸取了一些新落下来的雨水带回书房……

"终于真相大白了！在刚刚的雨水中完全看不见微生物的身影，它们并不是从天上落下来的！"

但他并没有把这些雨水倒掉，他仍然对它们进行了观察。直到第四天，他才看见落满灰尘、线头和布屑的水中出现了微生物。但他的确成功了！列文虎克就是这样一个喜欢追求真相的人。回想一下，当时世界里的人们，居然可以忍受列文虎克拿他们坚信的真理做实验，也是人类社会的一大进步。

他会不会立刻就写信给皇家学会，把自己发现的这个惊人世界毫无保留地告诉他们？他并没有这样做，他是一个沉着冷静的人。接下来的时间里，他又用透镜观察了其他的水，例如，空气不流通的书房里的水、屋顶上盆里盛的水、肮脏的德尔夫特运河水、来自花园深井中的水。他发现无一例外，所有的水里都能看见这些小家伙。它们的细小让他瞠目结舌，甚至一粒沙子都比一千个加在一起的微生物大。他把它们与干酪虫进行比较，对这些恶心的小动物而言，这就如同一只蜜蜂在跟一匹马比大小。他孜孜不倦地观察着它们，发现它们"悄无声息地游动着，就好比一大群安静的蚊子飞舞在空中一样……"

的确，暗自探索者之间也是截然不同的，有一种人更加幸运，列文虎克便属于此类；另一种则是漫无目的独行侠，靠运气行事，可毕竟，瞎猫遇见死耗子的几率并不大。列文虎克发现的微生物实属罕见，可他并没有就此满足了，他对一切都充满了兴趣，对任何事物都喜欢刨根问底。有一天，他想到一个问题——为什么胡椒会有辣味？对此，他推测："一定是胡椒粒上的那些细尖头扎到了人的舌头……"但，这种细尖头真的存在吗？

现在,他一天到晚都在那里研究着胡椒。尽管自己狂打喷嚏,汗流浃背,可他仍然没有想到办法,让细微的胡椒粒放在透镜下面。为了软化胡椒,他把它们放在水里泡了几个星期。接着,他又拿出一根细针,挑了一块极其细微的胡椒粉末下来,然后把它放到水滴里,接着又用那根细小的管子把水滴吸进去,继续观察:

水滴里面有些小东西引起了他的极大兴趣,即便他是那么专心致志,也不得不分心了。胡椒上的小尖头被他抛诸脑后了,他如今的兴趣全都在这些小家伙上面:它们的数量无法统计,运动时的样子也是如此奇怪:它们来回翻滚着,变化多样!

就这样,列文虎克找到了如何发现微生物的办法。

极度兴奋的他,忍不住说出了自己的决定:"是把这一切告诉伦敦先生们的时候了!"他的信写得非常认真,他用通俗易懂的句子,把整件事情娓娓道来:这可真是"一沙一世界,一物一菩提","你们万万想不到一颗沙中居然蕴含100万个动物,而一滴胡椒水里,居然能有270万个以上的微生物……"

然后,他把这封信译成英文,邮寄给了那些知识渊博的怀疑主义者(他们

列文虎克经常把他的显微镜对着光来进行观察

早已知道独角兽粉是骗人的把戏了），这让皇家学会的人大感惊讶。不可能！那个荷兰人绝不可能发现如此小的动物，一滴水里的动物数量，居然有一个国家的人口那么多。这简直就是笑话！毋庸置疑，上帝创造的最小动物一定是干酪虫。

虽然如此，但仍然有人觉得列文虎克是认真的。他们了解列文虎克是一个严谨的人，他所讲述的一切完全都是事实，于是他们就给列文虎克回信，希望他能把制作透镜的方法，以及观察方式倾囊相授。

这封信令列文虎克感到非常气愤。他才不在乎德尔夫特的那群傻瓜是如何嘲笑他了，可是皇家学会居然也在质疑他，他还以为他们都是哲学家呢！他究竟应该只字不提呢，还是应该知无不言，言无不尽呢？"哦，上帝，"或许你能听到他犹豫不决的叹息，"为了探究这些神秘的家伙，耗费了我这么多的精力和汗水，而且还要去面对那些蠢货的嘲笑，但正是因为这些，我才更要逐步改善我的透镜和观察方法……"

可他们也绝不能空口无凭地否认他。他明白，皇家学会和那群傻货若想否认他的发现，就必须拿出证据，若想得到证据，就必须付出他当时寻找微生物时的那种努力和辛苦。他的积极性被严重挫伤了，但他又必须得到这群人的见证。于是他不得不又给他们回了一封信，并在信中起誓，自己绝不造假。他向他们列举了自己的计算过程（即使是现在的微生物猎人，使用各种先进的仪器，精准度恐怕也不及他的万分之一），这封信上布满了加减乘除符号，就如同学生的数学作业本一样。在信的结尾，他写道：在德尔夫特，有很多人都是这些新奇动物的见证人，并且我也得到了他们的掌声。我可以出示德尔夫特名流们的证明书，这其中包括两位神父、一位公证人，还有 8 位信誉度很高的人。至于透镜的发明方法，我无可奉告。

列文虎克的疑心病极其严重。因此他总是随身携带自己的小机器，让别人通过它来进行观察，可只要有人为了看清楚一些而去碰一碰这些透镜，他就会立刻赶走他们……看起来，他就像个拥有红苹果的孩子那般，向同伴们炫耀着手中的食物，可又绝对不允许他们碰一下，担心会被他们偷吃掉。

这可难倒了皇家学会那帮家伙。没办法，他们只好请来罗伯特·胡克和内赫迈阿·格鲁做显微镜，同时用最好的黑胡椒调制胡椒水。1677年11月15日这天，胡克带着他的显微镜来参加会议了，这使得所有到场人员都兴奋不已，因为他们观察的结果，证明了安东尼·列文虎克并没有说假话。那一群活动的小生物就在这里，像被下了诅咒一般！显微镜外围的人不断地在增加，学员们也不断地离开座位去观察，他们边看边说，这肯定是一个会魔术的观察大师呀。这一天，列文虎克感到了前所未有的骄傲！没过多久，他就顺利成为了皇家学会的一员，并得到了一个正儿八经的会员证书，极其隆重地装在一个华丽的银质盒子中，盒盖上还印着学会的标志。列文虎克给皇家学会写信说："我会永远忠心不二地为学会做贡献！"他是一个说得出做得到的人，很讲信用。他一直坚持给皇家学会写信，内容全部是关于科学的谈话，终生没有停止过，直到90岁时不幸去世。为什么列文虎克不向学会赠送一台他的伟大发明呢？实在对不起，在他有生之年是绝对不会这样做的。学会曾经派莫里纽克斯教授去找过他，希望这个小商贩能写个报告，关于他所观察到的奇妙的微生物世界。当莫里纽克斯教授到达列文虎克家时，不禁感慨，他的透镜真多呀，一架架陈列在柜子里，怎么也有个上百架，买一架应该不成问题吧。但这绝对是不可能的！他完全想错了。列文虎克可以大方地拿出自己的研究品，让莫里纽克斯教授看个明白，可决计不会让他碰一碰自己的伟大发明。他死死盯着莫里纽克斯，生怕他会碰到什么，或者顺手拿走了什么……

"你的发明真是太神奇了！"莫利纽克斯高呼道，"透过它看见的东西真是太清晰了，我们现在用的最先进的显微镜，恐怕都不及它的千分之一呢！"

列文虎克对他说："亲爱的阁下，我很乐意把自己最好的发明拿给你看，还把自己独家的观察方法告诉你，可是这些都是不能随意泄露的，甚至我最亲密的亲人都不知道呢。"

无尽的启迪

他还跟皇家学会的人说,他发现了无数个肉眼看不到的小东西,它们极其繁多,无处不在。他在信中写到:"虽然我已经50岁了,牙齿早就不好使了(主要原因是我每天早上都拿盐用力刷牙)……"可是用透镜一看,还是会发现牙缝中有小片的白色物质。

究竟这些白色物质是什么呢?

他从自己的齿缝间剔下来一点白色物,用干净的雨水混合了一下,吸进小管子,再装到透镜针上,然后把书房的门关上——

就在他把管子对准焦点的时候,突然发现,有一种物体变得越来越清楚了。它究竟是什么呢?这种小动物比我们所能想象的最小物质,还要小,它在管内的水中来回跳动着,"就跟梭子鱼似的"。这些活泼的小动物做着不同的动作,先向前游一下,接着来一个急转弯,再漂亮地翻个跟头。其中有一些行动迟缓的,看上去就像一个弯曲的木棍。所有情况不过也就这样,可是这个荷兰人却兴致勃勃,观察着它们的运动,一直到眼眶发红。它们是有生命的,这一点可以肯定!如此看来,他的嘴里还有一个丰富多彩的世界!有许许多多柔软的棍棒形物质在来回游动,气势壮大地列队前进,还有螺旋状的物质,在水里转来转去,就跟有生命的开瓶器似的……

他真是个怪人,把每一个人都拿来做实验,连自己也不放过。时间长了,观察嘴里的小动物这事儿就没什么新鲜感了,他又跑去高大的树下闲逛,看着运河上漂着的秋叶;勤奋的工作成了他的娱乐活动,此刻他最需要的就是充分的休息!在这里,列文虎克遇到了一位非常有趣的老人,他向皇家学会写信报告说:"这个老伙计跟我聊得不错,他说他的生活很规律,不吸烟不喝酒。此时他很难得地喝了一杯葡萄酒,这个不经意间,我发现他的牙齿长得很不好。我忍不住问他什么时候刷的牙。他告诉我，出生以来就没有刷过一次牙齿……

列文虎克已经完全忘记了自己眼睛酸疼的这件事。这个老头说的太有意思了。他把这个不讲究卫生而生活却很有规律的人拉到了书房，接着进行观察。他看到的结果是，这个人的嘴里真的有数以万计的小动物！在信中，他说道，有一点很奇特，老人的嘴里还生存着另外一种新的生物，它们彼此交叉运行，身体像蛇一般弯曲着，样子很优雅。这些小东西在细管子里的水中也存在！

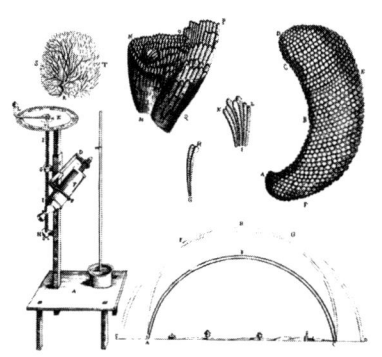

列文虎克关于甲壳虫眼睛及其他的一封信中的插图

或许你会感到疑惑，在几百封列文虎克的信中，好像从来没有听他提起过这些神秘而奇特的小动物。但他向人们证实了，它们无处不在，比如水里、人的嘴里、青蛙还有马的肠胃中，甚至排泄物里。在某些不常见的场合里，比如排泄场所中，他观察到它们集结在一起。可他从来没有联想过，他的痛苦都是来源于这些小畜生。但他坚持从实际出发的精神，和严谨认真的做事态度，确实值得我们学习。现代的微生物学家如果能认真地研究一下他的作品，一定会收获很多知识。在过去50年的时间里，确实存在几千种微生物，被说成是几百种疾病的病因，实际上在大部分场合里，只要是生病，那些东西就会存在身体里的。列文虎克从来不会随便断言，某一事物的原因是另外一种事物。他有一种明白一切事物都不简单的本性，正是这本性让他知道，左右生命的因素多种多样，若是非要从繁琐复杂中找出一个理由，那是相当不可信的……

年复一年，他除了要照顾自己的小布店，还要负责德尔夫特市政府的清洁卫生。常年的积劳使他变得越发暴躁多疑了，反复用自己上百架的透镜观察研究，发现的事物也越来越多起来。他把一条完整的小鱼装进了一支玻璃管中，却只观察它的尾部。他是有史以来第一个在鱼的尾巴上观察到了毛细血管的人。在鱼的尾巴里，他观察到了血液流经动脉和静脉这一现象，正因如此，他为英国人哈维发现血液循环过程奠定了基础。他通过透镜观察到了一种特殊物质，虽然它极为神圣，却又不方便说出口，那就是人类的精子。可他的心无杂念，使他研究的这门冷酷无情的科学变得不再骇人听闻。时光飞逝，他的大名已经传遍了整个欧洲。俄国彼得大帝专程来向他表达敬畏之情，英国的女王也为了能从他的透镜里看到奇妙的东西，专程来到德尔夫特市。皇家学会的无数迷信都被他一一破除了。所有会员中，他的名气紧随牛顿、波义耳之后。如此巨大的荣誉会让他失去自我吗？绝对不会，因为从一开始他就已经把自己的位置摆得很高了。他那傲慢的高姿态是无休无止的，可是每当他想到大家和自己一样，都处于知识的海洋之中时，他也会把自己的姿态放低一些。他很欣赏荷兰人的上帝，可是又坚信，只有真理才是真正的上帝：

"我从来不会死守自己的观点，别人如果能拿出让我信服的理由，我会马上放弃自己的观点。其实最主要的原因是，我有一个很明确的目的，那便是发掘真理，只要我能掌握的；我要用自己浅薄的学识，让世界摆脱古老异教徒的迷信束缚；我就是要寻求真理、坚持真理！"

他到了80岁的时候，还是一个身体健康的人，手也很稳。他拿出自己的透镜让客人们观察他的小动物，引得他们对没有出生的牡蛎惊讶万分。荷兰人都很喜欢喝酒，他也不例外。只是有一点让他感到很不舒服，就是每次畅饮之后，第二天早晨醒来肯定会浑身乏力。他不喜欢医生，总是认为，医生根本就不了解身体的问题。他们了解的身体结构知识，还不如自己的千分之一呢！列文虎克在身体不舒服的时候，就会拿出自己那一套理论来判断其中的原因，不过那些理论也确实挺笨的。他是第一个在自己的血液中发现微生物的人，所以他对自己的血液情况非常了解。这些生物从动脉流到静脉，途径很多毛细血管，就

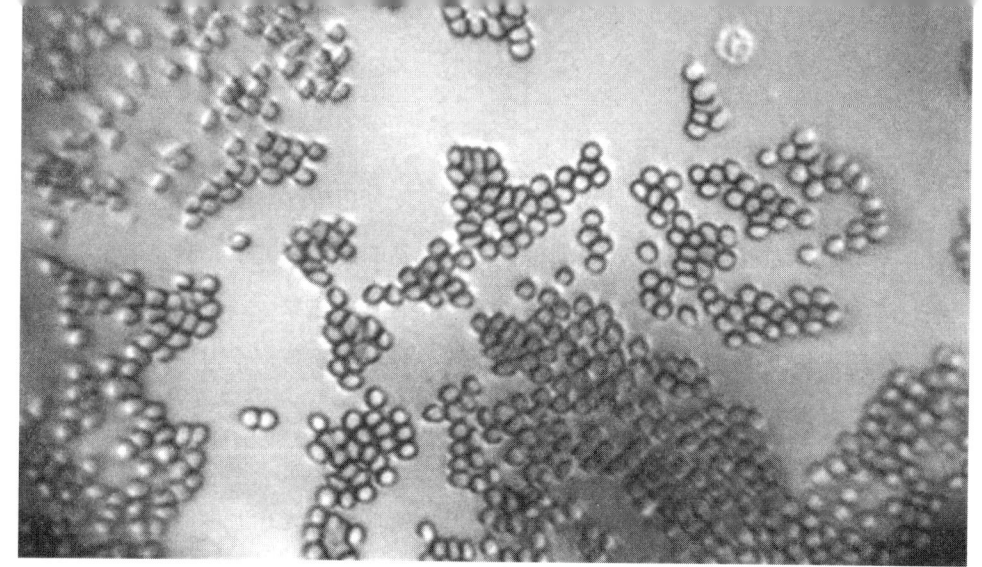

列文虎克制作的显微镜观察到的人血涂片

像他在鱼尾里观察到的一样。他知道，在喝了酒以后，身体里的血液浓度可能就会增加，导致这些生物从动脉流到静脉更困难了！所以，只有把血液浓度冲淡一些，才可能会更好恢复原本的状态。因此，他在信中是这样告诉皇家学会的：

"晚上暴饮暴食以后，我就在第二天早上给自己准备很多杯咖啡，喝下去的咖啡最好是很热的。这样喝下去以后，身体就会发汗，血液浓度就被冲淡了。如果这么做以后，我的身体还不能恢复的话，那么就算跑遍整个药房也无济于事了。这么长时间以来，我只要是感觉有点发烧，就会像上面说的那样做。"

说到喝滚烫的咖啡，这儿还有一件趣事呢。列文虎克做的每一件事，都是他发现一种新事物的开始，透镜下随时上演的微小戏剧就是他生活的全部。他就跟个好奇的小孩子一样，那样目瞪口呆地听着神仙的故事……自然界里的同一个故事被他反复阅读，丝毫没有倦怠，而每一次的阅读都会有不同的感受，他的兴趣没有尽头，就连自然科学方面的书籍也被他翻得破烂不堪。时间离他首次发现人嘴内的微生物，又过去了许久。有一天早晨，他为了给自己治病，喝下了很多滚热的咖啡，趁着嘴巴里温度还很高时，他又做了一个实验。

这到底是怎么了？怎么小动物一个都不见了？或者说为什么它们全部都死了！"上帝保佑！"他大声说道，"希望皇家学会的学者不要去嘴里找这些东西，否则他们会因为找不到证据而不承认我的观察结论……"

就因为他喝了滚烫的咖啡，嘴唇都几乎被烫起了泡，这些小动物就都不见了。当初他发现小动物的位置是前齿缝里，那么刚刚在喝过咖啡以后便……难道……

他拿起透镜观察起自己的牙齿，内心焦急万分。天哪，真是不敢相信，他依然发现了数以万计的小动物。若不是亲眼看到，这是根本无法想象的。接着，他就开始做精密的实验了。他把存在小动物的水慢慢地加热，直到比洗澡水的温度再高那么一点。这时，他发现那些欢腾的小动物们顿时就停止不动了。他又把水的温度调低，可这并没能让动物们重生。果然，就是因为咖啡温度太高了，他牙齿缝里的畜生被烫死得一干二净。

他又一次非常兴奋地观察起它们来，可随即开始变得异常烦躁起来，因为他分不清任何一只小动物的头和尾巴了。它们的方向全都变了，停在那里一动不动，接着再次活跃起来，速度极其快，几乎不容易被发现。但是它们一定有头尾区分的。它们也一定会有肝脏，有脑子，有血管。他回想到了40年前的工作，当时，利用他卓越的发明——透镜，他发现了非常简单的跳蚤和干酪虫，观察到了它们的结构。可是现在这群小动物，无论怎么看，都看不出内部结构。有时候，他总是安慰自己，这没什么，自己还曾为皇家学会计算出了微生物的直径呢。可你要知道，这并不代表他就真的见到过这种血管，只不过是拿来糊弄投资人而已，拿这些微小到吓人的数字去吓唬吓唬别人，他自己也能从中找点乐子罢了。

假如列文虎克没有发现给人类带来疾病的细菌，假如他的想象力不够丰富，假如他没有推测暗杀者就是那些小畜生，他可能就无法发现，这些肉眼看不到的畜生能把大它们很多的生物吃掉或者杀死。他的研究范围无比广阔，连德尔夫特运河里捞出来的贻贝和水生贝类都包括进来了。他观察到贝壳母体里面有成千上万个胚胎存在着。他准备把这些胚胎从母体中抽离出来，放在运河水里养着。"怎么会这样呢？"他自言自语地说，"运河里有这么多的贻贝，为什么也不会堵塞呢，每个贝壳妈妈里不是还有那么多的幼崽吗？"时间一天天过去了，他对着这杯装着胚胎的水仔细观察，还用透镜观察那些胚胎有没有在发育。

等会儿,那是什么？他吃惊地看着在贝壳之间游走的微生物,带着浓郁的鱼腥气,向这些数不清的贻贝发起猛烈的进攻。

"生命是从杀生开始的,这看似残酷,可的确是的上帝的旨意。"他陷入了思考。"而这些行为真的是利于我们的,因为如果贻贝不被小动物吃掉,那我们的运河就会被其堵塞,一个贝壳母体每次可以生产的小贝有一千多个！"因此安东尼·列文虎克坦然地接受了这一切。在他生活的那个时代,研究科学的人跟后人还不一样,能够直接向上帝宣战,对人类也就是自己的儿女施以拳脚。从这个意义上说,他可以算是超脱时代之人了。

80岁以后,他的牙齿开始松动了,这是老年人必经的生命过程,无可厚非,哪怕是他的身体仍然很硬朗。他坦然地接受了老年的困境,没有任何怨言,依然坚持着拔下松动的牙齿,用透镜观察空洞的牙根里存活的小动物。是什么促使他去研究它们的呢？他总是想,没准在之前的近百次观察中,会漏掉一些细节也说不定！在他85岁那年,身边的朋友都劝他别再这么辛苦了,省省心吧。而他却眉头紧锁,依旧精神抖擞地告诉他们:"秋季成熟的果子才保存得最好！"如此看来,他的85岁就是人生的秋季啊！

列文虎克很善于吸引观众。观众对他的赞赏和欢呼会让他心里乐开了花,但别忘了,这些观众要么是哲学家,要么是热衷于科学的人！列文虎克给他们仔细看那肉眼看不到的世界,还写信给他们,细细地讲述他奇妙的发现。可是他并不是一位老师。"我从来没有教过任何一个人,"在给著名哲学家莱布尼兹的信中,他这样写道:"如果我教了一个人,那就不得不去教下一个人……我就这样成为了一名奴隶,但我一直是个向往自由的人。"

莱布尼兹在给他的信中回复道:"如果这些制作优良透镜的工艺和观察新动物的方法,你不教给年轻人,恐怕就找不到继承人了。"

"我的发现深深地吸引了莱登大学的教授和学生们。他们聘请了三个磨制透镜的人去教学生,结果又怎么样呢？"这个自信满满的荷兰人说。

"根据我的判断,结果依然是两手空空,因为那些在学校里教学的人,完全是想利用自己的知识去换取钱财,或者依靠在别人面前卖弄自己的才华而博

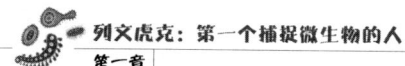

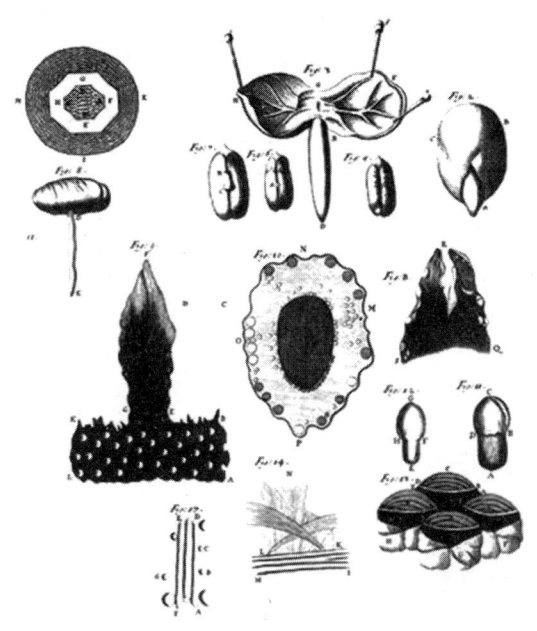

列文虎克关于棉花、棕榈、丁香、肉豆蔻、醋栗、郁金香、桂皮、欧椴树的种籽的观察

得世人的尊敬,这些跟我们发现肉眼看不见的世界一点关系都没有。在一千个这样的人中,我相信,不会有一个人是真想出来做研究的,因为这不仅要浪费大把的时间,还要花费很多金钱,最关键的是,一个人要想功成名就,就必须呕心沥血,不辞辛苦……"

这就是人类史上第一位微生物猎人。1723 年的时候,他已经 91 岁高龄了,临终之际,他叫来了自己的朋友胡格夫利埃特。他的手已经抬不起来了,原本炯炯有神的眼睛,现在也黯然失神了,有气无力地睁着,好像就要被死亡的混凝土给封住了一样。他声音微弱地开始讲述:

"胡格夫利埃特,我亲爱的朋友,麻烦你把桌上的两封信翻译成拉丁文,然后邮寄给伦敦皇家学会……"

他坚守了自己 50 年的承诺。胡格夫利埃特在这两封信上备注说:"才华横溢的先生们,在此呈上我的友人弥留之际的最后一份礼物,希望你们能够同意他最后的一番话。"

  第一个微生物猎人就这样离开了人世。如今，你可能拜读过斯帕拉捷传，他的威名远扬；你可能读过巴斯德传，他的想象力比他人高成百上千倍；你甚至会阅读过罗伯特·科赫传，他为了使人类免受微生物的伤害，作出了更明确更有利的贡献。他们以及更多的微生物猎人们，都比列文虎克名气更大。但是，他们无人能像这位荷兰行政人员一样忠心耿耿，一样精准细致，他的真才实学给其他人带来了无尽的启迪。

第二章

斯帕拉捷：微生物具有母性

地球的生命源于一团炽热的气体。20亿年前，地球慢慢开始冷却、收缩，进而产生了山川和河流。沧海桑田，岁月变迁，它的表面蕴藏了生命进化的前世今生。

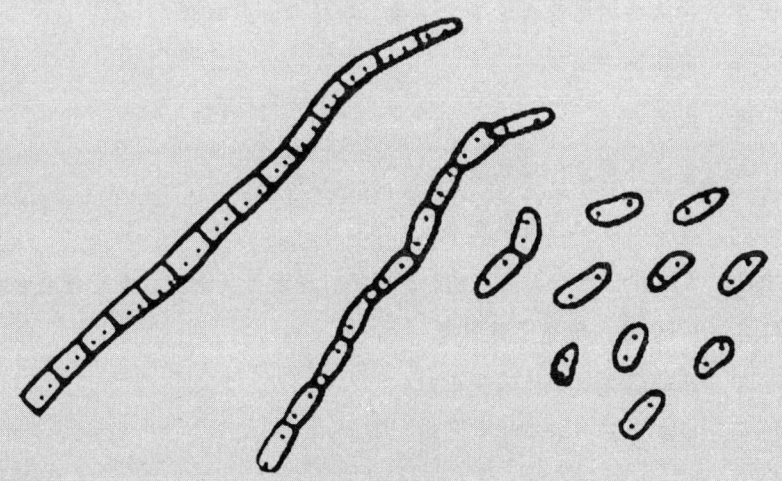

斯帕拉捷简介

拉扎罗·斯帕拉捷，意大利著名的博物学家、生理学家和实验生理学家。出生于意大利斯坎迪亚诺镇。在动物血液循环系统、动物消化生理、受精等方面，斯帕拉捷均有深入的研究。他通过"蝙蝠实验"，首次发现超声波。此外，他对火山有深入地研究，是火山学的奠基者之一。

生平主要事迹

1744年　进入勒佐·艾米里亚耶稣神学院

1749年　进入的帕维亚大学学习法律，后转学自然科学

1753年　取得博士学位

1760年　成为神父

1761年　首次外出进行科学考察

1765年　开始研究动物再生能力

1768年　发表了《论心脏的运动》。同年，当选为英国伦敦皇家学会会员。

1771年—1780年　研究受精问题

1777年　开始研究动物的消化生理

1783年　首先引入"消化液"一词

1793年　发现蝙蝠夜间自由飞行的秘密

1799年　患无尿症病逝

怪僻的孩子

当列文虎克逝世的消息传遍英国时,皇家学会的研究人士不禁开始为日后的科研担忧。列文虎克的离去,是整个动物学研究史的一个重大损失。包括远在巴黎的研究人士,也在为此黯然神伤。可又有谁曾料到,就在1729年里,一个巨星在意大利北部的斯坎提阿若小城诞生了。他就是后来赫赫有名的拉萨罗·斯帕拉捷,继列文虎克之后的又一位伟大科学研究者。

年幼的拉萨罗是人们眼中的怪癖孩子,他会唱着诗歌玩着泥团,一会又去捉苍蝇虫子来实验。他撕扯那些昆虫的翅膀和腿,想知道它们是怎么会走和跳的。

然而,他的父亲很讨厌这样的行为,只是一心想让孩子继承自己的衣钵,当一名律师。但是年幼的斯帕拉捷和所有顽皮的孩子一样,对枯燥的法律文件丝毫没有兴趣,只愿意想奇怪的石头为什么可以漂在水面这样的难题。

即使是在晚上实在没有办法之时,斯帕拉捷也要趁着父亲不在的时候,抛弃那无聊的法律条文,而去遥望夜晚繁星璀璨的天空。他常常给其他的小朋友说星星的故事,被他们夸奖为"占星学家"。

每当到了假日,斯帕拉捷也不愿规矩地待在家中,而是整天在附近的树林里穿梭,对一切奇妙的事都感到欣喜又神奇,然后思索其中

斯帕拉捷

的奥秘。就拿他所看见的喷泉来说吧，就总是让他感到很迷惑。父亲告诉小斯帕拉捷，喷泉是传说中被父母抛弃的姑娘的泪水。古灵精怪的小斯帕拉捷自然知道，这是父亲的托词，但是他并不想和父亲争论不休，而是想自己日后亲自去发现喷泉的原理。

年轻的斯帕拉捷决心长大后当一名科学家，但是他知道自己的父亲会反对，因此表面上装着对法律感兴趣，私底下却去攻读数学、希腊文和法文，学习其中的逻辑学原理。他把自己对自然的奇思妙想说给法利斯尼埃理听，这位当时著名的科学家惊讶于他的想法和知识，让年轻的斯帕拉捷放弃攻读法学，因为他的确是个具有天赋的科学家。

斯帕拉捷告诉老师，是自己的父亲要求他学习法律的。于是，这位老师又急又怒地找到斯帕拉捷的父亲，告诉他，像斯帕拉捷这样的孩子根本不该去学法律，而是应该鼓励他去做研究，他未来可能会成为像伽利略那样的伟大人物。

最终，斯帕拉捷的父亲同意让儿子学习科学了，还给予了他鼓励。就这样，斯帕拉捷开始了他的科学路途。

此时的斯帕拉捷比列文虎克要幸运得多。因为这个时期，宗教法庭已经不再那么强势，科学家也得到了社会的认可，开始受到人们的尊敬。像伽利略那样伟大的科学家，是不会受到宗教异端分子迫害的。这个时期，研究科学已不用再畏缩地躲在阴暗的角落里了，对迷信提出质疑也成了社会上的一股风气，国王和议会也都支持开展各种学术研究活动。这一时期，人们研究科学的激情的空前高涨。一直隐居闭世的伏尔泰，也开始研究起牛顿的学说，然后向人们进行普及。可以说，此时科学已经渗透到了社会的各个方面。不管是诗人、文学家还是启蒙思想家，也都开始享受探索科学的乐趣。就连久居宫中养尊处优的蓬巴杜尔夫人，也都开始学习被禁止的百科全书，想要了解胭脂和丝绸的生产技术了。

斯帕拉捷所在的这个辉煌时代，人们对事物的研究热情蓬勃地发展着，上至宇宙力学，下至昆虫动物等范围，连宗教和教义都不再神圣不可侵犯。如果要放在一百年前的时候，假如你去嘲笑亚里斯多德描写的荒诞动物，很可能因此惨遭杀害,因为你嘲笑了亚里斯多德,也就等于蔑视神圣的宗教。现在情况却完全不同了。如果你再提起亚里斯多德,那么人们就会说你是盲目的迷信主义者。不过尽管如此,那个时期所说的科学在今天看来,也还有很多是不正确的。斯帕拉捷倾注他所有的精力,吸收各种不同的知识,来论证各种理论的真实性。他从不畏惧权贵,也从不轻视地位低下的人。不管是长相丑陋的主教,还是掌握职权的官吏,或者是教授,以及古怪的演员和诗人,斯帕拉捷都愿意与之交流。

列文虎克一直坚持着打磨透镜,在进行长达20年的观察后,人们才开始知道有这样的一个人。但是斯帕拉捷却不同。这个青年才俊25岁就可以翻译古诗,批判荷马的作品。荷马可是当时备受赞扬的典范!他也可以和表姐劳拉·巴西讨论数学,这位表姐可是勒佐大学的著名教授!斯帕拉捷还认真分析了水上劈石片的现象,并写下了一篇力学论文,来验证这一现象。为了维持生计,斯帕拉捷还当过天主教神父,在教堂里做弥撒。

为了不受到外界的打扰,斯帕拉捷只能做这样的事情,来赢得权贵的支持,可他的内心深处,却又是瞧不上这些权威们的。人们说他是个盲目崇拜的教徒,但是他却坚信自己只是出于对上帝的信任,做任何事并没有该不该之分。当然这些都是他内心的想法,不会有人知道的。斯帕拉捷还不到30岁时当上了勒佐大学的教授,学生们都喜欢他上的课。也就是在这里,斯帕拉捷第一次着手研究小动物们。这些小动物正是列文虎克发现的。这位荷兰科学家将它们带到了世人面前,在它们还未来得及回到自己的世界时,斯帕拉捷开始了对它们的研究。

人们开始对这些小动物的出现进行争执。当然也正是这些争执,才引出大家对它们更细致的关注。如果没有这些争执,也许到很多年后,我们才会知道这些小动物究竟

勒佐大学校徽

是什么，或者是我们早就把它们忘记得干干净净。现在的问题是，这些小动物到底是自己产生的呢，还是必须从一个母体中诞生出来？或者说上帝创造了小动物之后,让它们再自行繁殖绵延后代呢？还是一个新生命突然地就会跳出来，为了娱乐上帝？

在那个时候，人们普遍认为生命产生不需要母体，这当中还包括大部分明事理之人。比如说，他们就相信把一头牛打死后埋在地下一个月，就会产生出一群蜜蜂来。

质疑自然发生说

科学家竟然也承认这样的事情很有道理。因此英国的博物学家罗斯就宣布：有谁怀疑牛粪可以产生昆虫，那他就是不相信理性和真理。他们还断言，就连老鼠这样的动物，也是自行产生的！当然，如果有谁不相信的话，那么他就得被发配到埃及，让他到污水沟中去看看，是不是有大量的老鼠。

除了这些，斯帕拉捷还听到了其他类似的事情，很多名流学者也都相信事实就是如此。他甚至眼看着自己的弟子们，为了证明老鼠蜜蜂们不需要父母，而争执不休。但是斯帕拉捷始终不愿相信这就是事实。科学的进步就是从这些质疑开始的。斯帕拉捷始终认为，动物的产生一定有某种自身的规律，它们绝不会自行从废弃物中产生出来，这种说话听上去都显得那么滑稽可笑。那我们又怎样才能证明它们不是自行产生的呢？

有一天晚上，斯帕拉捷意外地发现了一本书，也就是这本不起眼的小书告诉他，如何运用实验，来论证生命是怎样发生的。这是一种全新的方法。斯帕拉捷就想，只有用实验来论证，才能清楚地证明所有的说法，这要比用语言去争辩有用多了！他立即对此产生了浓厚的兴趣，津津有味地读起了这本书。

这本书里也提到一个有关孳生蛆虫苍蝇的迷信认识。就连最有学识的人也相信蛆虫苍蝇是从腐肉里产生。然而当斯帕拉捷继续读下去的时候，他感到十分惊讶和异常兴奋，因为接下来，书中介绍了一种实验，正是这个实验，有力地破除了关于对孳生蛆虫苍蝇的迷信认识。

"这个作者真棒！"斯帕拉捷由衷地感慨道，不由得又凑近了烛光下的书本。书中说，作者仅仅拿了两只放了肉的瓶子做实验，一只瓶子打开着，另一只蒙一块纱布，他就等在旁边，亲眼看见有苍蝇飞进了开着口的一只瓶子里——不久之后，瓶中出现了蛆虫，又变成了新的苍蝇。而另一只瓶子，因为有纱布遮着，没有苍蝇进去，所以最后里面既无蛆虫，又无苍蝇。多简单的事啊！那也就是说，母蝇接触了肉，然后才产生新的苍蝇的。这个看上去简单的做法，在一千多年来，竟然没有一个人想到。

第二天，他发现苍蝇的问题可以这样解决，可是那些微小的动物又怎么办呢？因为即使大家都相信苍蝇可能要有卵才能生出来，但那些肉眼看不见的小动物呢，它们或许就是自己产生的了。

于是，斯帕拉捷开始加紧学习，如何培养小动物和使用显微镜。不管是割破了手，还是弄碎了昂贵的实验瓶，都丝毫不能分散他的注意力。有时候，他会因为忘记擦干净透镜，而导致显微镜下的小生物观察得不细致。他并不是像列文虎克那样的工作狂，可也会为自己的失误感到恼火。不过他却还是坚持了下来。他坚信这些关于小动物的说法都是荒谬的。他常常这样想，"如果我只是为了证明事情的结果，那我也不算真正的科学家了。我要找到一种规律，对人们进行指导。我要学会鼓励自己去质疑。"

斯帕拉捷继续研究着小动物，并学会了耐心地去观察，更慢慢战胜了自己的虚荣心，绝不向不清楚的事情屈服。当时，还有一位虔诚的天主教徒尼达姆，他是一位神父，也自认为很会做实验，在英格兰和爱尔兰这些地方也小有名气。他宣称，羊肉汤中可以产生那些用显微镜才能看到的小动物。尼达姆把他的实验结果递交皇家学会，一时间，那些学识渊博的人都跑去请他赐教。

尼达姆告诉人们，他是怎样取来很多热的羊肉汁，然后把汤汁倒进一个瓶子里，再盖上瓶盖。这样的话，小动物和它们的卵子根本就不能进入瓶子里。

之后，他把装有汤汁的瓶子煨在滚烫的灰里。尼达姆解释说，"这样的话，即使瓶里有小动物或卵，也一定都被杀死了。"再过几天后，他会拔掉瓶塞，再把汤汁拿来观测，竟然发现里面有成堆的小生物。"这是多重大的发现啊，"尼达姆宣称道，"这些小动物只能来自肉汁的液体。这个实验说明，生命的确可以自发产生！"他忽视了这样一点，其实即使不是羊肉汤，选择其他种子或者用杏仁汤，也会得到同样的结果。

皇家学会和整个学术界都为尼达姆的发现激动不已。现在他们知道，有真实的实验结果能证明这一认识，而不仅仅是荒诞的故事。皇家学会为了奖励尼达姆的贡献，允许他加入了他们那个"学术非凡"的贵族团体。此时，远在意大利的斯帕拉捷也正在看有关尼达姆从羊肉汁里培养出小动物的轰动新闻。他仔细地思考，最后愤怒地说道："羊肉汁、杏仁或者别的其他生物，都绝不会自我生产的！这个所谓的权威实验就是个骗局。至于是什么道理，连尼达姆自己都并不知道。"斯帕拉捷只能这样对自己说："我敢肯定这里面一定还有别的原因，我一定要把它找出来。"

尼达姆，英国天主教牧师，18世纪自然发生说的主要捍卫者

如今，科学家的偏见又开始作祟了。

斯帕拉捷决定用"最锋利的刀"去"砍"这个披着盛装的神父——尼达姆。这个疯狂的意大利人，对虚假的科学一点也不手软，他要把荒谬赶尽杀绝才甘心。

他现在要向尼达姆发出挑战了。在一天夜里，既没有课堂上的豪迈欢笑，也没有会客厅里太太小姐们的夸赞交谈，他单独在实验室中做着研究。他认为自己确实已经找到了尼达姆的错误。他一边咬着鹅毛笔管，一边摆弄自己的一头乱发，感慨道："这样热烫的汤里怎么会有活的生物呢？"会不会是受热不够，又或是瓶盖没有盖紧呢？

现在，他更专注到研究上去了。他想通过实际的实验来证实自己的想法，于是也找来几只细颈瓶和很多种子，放在擦亮的显微镜下，开始了他的试验。他下了很大的决心，认为必要时甚至可以否认自己，来证明尼达姆没有把他的汤加到足够热。因为可能有些小动物或者它们的卵子是经得住高温的，谁又敢肯定地说不是呢？斯帕拉捷擦洗了桌上的特制圆肚烧瓶，再将它们风干，整齐地排列起来，看上去干净得闪闪发光。然后，他又把几种不同的种子，分别放进了几只瓶中，又把豌豆、杏仁放进另一些瓶子里，再往里倒了些清水。

他大声说："现在我不仅要加热它们，还得持续上一小时！"等火烧起来，他又叫道："但我怎么才能使得它密不透风呢？软木塞还不够密，还有可能有空隙。"突然，他灵机一动，"想到了！我把瓶口的玻璃烧热融合，再密封起来，这样不管多小的生物也进不去了！"

他拿着那闪闪发光的烧瓶，一个个在烧得旺盛的火上转动，一直到所有的瓶口都密封住。烧热的瓶子实在太烫了，他不小心打碎了好几只，手皮也被烧焦了。他骂起来，又拿出几只新瓶子来。接着，在瓶口完全密封了以后，他嚷嚷了一句："现在可以加热了。"他细心照管在沸水锅里沉浮的瓶子。有的瓶子才刚下锅几分钟，有的已经煮了整整一小时了。

最后，他疲乏得连眼睛都睁不开了，才从锅里捞起滚烫的瓶子，非常小心地放在一旁。太让人兴奋了，再过几天就能看看到底有没有小动物生出来。我差点忘记说了，他又做了另一件看似简单的事，那就是，他还烧了另一组有汁液的瓶子,同样在开水里煮了一小时,放在另一边。只是这组瓶子只用木塞塞住瓶口,没有用高温加热来密封瓶口。

再后来,他离开了实验室好几天,用他那非凡的精力,又去做别的事情了。他给远在瑞士的著名生物学家邦尼特写信,把自己的实验告诉他;他还去踢足球、狩猎、垂钓等。在课堂上,他除了给学生教授枯燥的理论知识,还讲述各种奇妙的故事:从列文虎克发现神奇的小生物,说到土耳其皇宫里稀奇古怪的太监,还有蒙着面纱的美妙妃子,应有尽有。可是后来他又突然不见了,所有人都在询问,斯帕拉捷到底去哪里了?

当然,他回他那盛有种子汁液的实验室去了!

寻找证据

首先,他依次敲开了密封的烧瓶,用吸管吸出里面的汁液,想要了解一下,这些经过持久加热的瓶子里,到底有没有小生物。这些瓶子都封得死死的,就算是空气中细小的颗粒,也休想跑进去。此刻,他屏住了呼吸,沉静又安详,像个机器人那样,小心地把汁液一滴又一滴地滴在透镜前。他先是仔细地观察那些留在瓶子里的汁液,毫无发现。于是他转身去取那些只煮过几分钟的瓶子,敲开瓶口,把瓶中的汁液一滴一滴地滴在透镜前。

突然,他喊了起来:"这是什么?"通过透视镜灰色的镜片,他观察出一种小动物在跳动。即使看着不大清楚,但是他可以肯定这是活的小动物。

"它们像小鱼,又像蚂蚁。"他自言自语着,然后开始思考,"这些瓶子是密封的,因此不可能有东西从外边进去,但是这里面却有着小生物,这说明它们经得起开水的温度!"

他激动得双手微微颤抖,走到只用木塞塞住瓶口的瓶子面前,尼达姆也是这样干的。他把木塞一个个拔起,用吸管吸出瓶里的汁液,以备研究。他为自

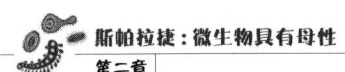

三只放有新鲜肉的瓶子，第一只瓶子没盖盖子，很快有苍蝇飞进去；第二只瓶子用了软木塞，没有苍蝇在上边产卵；第三只瓶子用了纱布，有苍蝇在上面产卵

己的发现兴奋不已，随手胡乱拿起附近的一个本子，就记录起来。他的记录大概是说，这些用木塞塞住而没有密封的瓶子，里面全都生长了小动物！无论是煮了一小时的烧瓶里，还是只用木塞塞住瓶口的烧瓶里，似乎都有一些小生物。它们参差不齐地浮在瓶子的液体上，就像是河里漂浮的鱼儿。

他高声呼喊道："小动物不是自动生成的，是从空气中进入瓶里的！"并且，他还得出一个新的认识：有些生物是经得起开水煮的，你得连续煮一小时左右，才能完全杀死它们！

这对斯帕拉捷来说是意义非凡的一天，尽管他还不知道，对世界而言，这也是一个伟大的日子。斯帕拉捷通过实验证明了：尼达姆的生物自发产生理论，是绝对错误的。就如同雷迪大师曾经证实，腐肉中能产生苍蝇一样。实际上，他的贡献远不仅于此。他所做的一切，拯救了初生的微生物科学，使得它不再只是荒诞的神话故事。这些神话故事曾一度误导了其他学科的专家，让他们对微生物这门科学嗤之以鼻。

在异常兴奋的状态下，他跑到弟弟尼古罗和姐姐妹妹们那里去，向他们表述他伟大的发现。他用那炯炯有神的目光，看着自己的学生，告诉他们，能产生生命的，只有生命。任何生物，即使是最最微小的小动物，也是有母体的。只要将它们加热足够长时间，一切顽强的生命都将丧命。也因此，在煮了这样久的烧瓶里,是永远不可能有活物的,即使放到世界末日也不可能!后来,他还专门写了一篇总结,来嘲讽尼达姆的谬论。他的大胆让整个学术界为之哗然。人们开始怀疑,尼达姆真的对吗?真正有见识的人们,开始在伦敦、哥本哈根、巴黎和柏林这样的学术殿堂里,议论纷纷。

后来,他们之间的辩论,从学术界传播到了街头巷尾。但在18世纪,人们选择了相信尼达姆。因为宗教与神学在此时受到了最严重的鄙薄,人们愤世嫉俗,排斥一切神学。所以他们更愿意相信,生命是自发产生的。但斯帕拉捷的实验是如此铁铮铮的事实,它容不得人们不信,不论你有多么不愿意相信。

同时,远方的尼达姆也开始采取行动了。为了争取信任,他主动到巴黎去作演讲。他还在此认识了一位新朋友:著名的布丰伯爵。他是一位有钱的主儿,又恰恰喜欢研究科学。但他不愿意去实验室,因为他穿得这样考究,实在不适合去那种地方。他对数学也颇有研究,还曾经翻译过牛顿的作品。

尼达姆和布丰相谈甚欢。布丰伯爵穿着一身紫色的名贵衣服,他实在不愿意自己那镶嵌着花边的衣服,被实验室里的尘土和器具弄脏。他只希望能用笔记录实验结果。而尼达姆则恰恰愿意做实验。于是他们配合得非常好。两人一同得出来一种自认为伟大的发明,宣传生命是自发产生的。这种观点既迎合了大众的口味,又遵从了那些忠诚的宗教信仰者,甚至也符合了无神论者的胃口。因此它尽管毫不符合事实,却依然能够屹立不衰。

你可以想象,尼达姆对这位英俊的伯爵说:"殿下,为什么在这样滚烫的汁液里还有生物存在呢?"布丰伯爵凭借着自己卓越的想象力,回答说:"你发现了一件举世瞩目的事情啊,伟大的神父。这是关于生命起源的深奥问题。你在这个羊汤实验里,解释了生命的力量——万物也都

布 丰

跟它一样,是一种力量。"

"我们叫它为生长力吧,大人。"尼达姆神父说。

"非常合适。"布丰说。接着,他踱回了自己那优雅的书房,穿着丝绸的衣服,拿起昂贵的鹅毛笔,开始了记载。可笑的是,他的记载不是源于科学的实验,而是他那时刻幻想的头脑。他对自认为的那种生长力大肆宣扬,感慨它使得羊汤中都生出了生物。不久后,"生长力"这个词就火遍了这个地方,仿佛它就是揭示一切的真理。聪明人觉得生长力是上帝的替代物,而神学者们也相信,生长力是证明上帝存在的最好依据。它像流行歌曲,或者古老传说那样,流传在各个角落,生生不息。

可悲的是皇家学会的成员们,他们完全没有了高贵的风度,抢在老百姓前面,选举尼达姆为会员,巴黎科学研究院也邀请他加入。

此时,意大利的斯帕拉捷不安起来了。这个谬论着实激怒了他!这种伪理论是对科学最大的危害,因为它是不负责任的想象!他待在实验室里,已经愤怒了。斯帕拉捷是位神父,可巴黎那两个可恶的家伙,竟然在公开挑战他所坚信的宗教,并且还是这样不切实际地乱说。

可他又能怎样呢?尼达姆他们的长篇大论,已经为学界所认同。他们根本就不再去关心斯帕拉捷的实验,也懒得理会他的密封瓶子是否有道理。虽然斯帕拉捷热爱挑战,乐于跟真理打交道,可他还是被学界目前的状态影响了,他感到失望了。他痛恨那种所谓的"生长力",这个空谈的错误!尼达姆甚至可爱地说,亚当与夏娃也是这种生长力的产物,珍贵的冬虫夏草,也来自这种妙不可言的生长力,它非常奇特,冬天为虫,夏天为草,生长力真是神奇啊。斯帕拉捷知道,再这么听任他们胡闹下去,科学将被彻底颠覆,他们甚至敢说,生长力能把牛变成人,把跳蚤变成大象!

很快,斯帕拉捷的机会来了。由于尼达姆反对他的实验,他给这位意大利神父写信说道:"你的实验有错误。你用旺火加热烧瓶,会降低它的生长力,使得它不再能产生小动物。"

这正是斯帕拉捷渴望已久的机会。他要寻找实证进行反驳。他忘掉了自己

的宗教身份，也忘掉了自己的学生，更忘掉了那些妖艳多姿的美女，只身投入了无边无际的实验里。在这里，他的武器不再是笔墨，而是烧瓶、种子、汁液和透视镜。

铁证如山

"尼达姆解释过，加热烧瓶会降低种子的生长力，是真的吗？他验证过了吗？他是怎么得知，或者证实这个结果的呢？他说种子就是生长力，那么，我们就把种子加热，看究竟会怎么样？"

斯帕拉捷再次取出实验的烧瓶，把它们洗干净。他在这些烧瓶里装上豌豆等种子的汁液，放到高高的实验架上。

斯帕拉捷自言自语地说着："好了，现在我先煮这一整套瓶子，每个瓶子煮不同的时间，我要看看到底哪个瓶子里生出的小生物最多。"于是他把一组豆汁瓶放进沸水中，煮了几分钟的时间，随后又把第二组的瓶子煮了半小时，第三组煮了一个小时，第四组煮了两小时。这些瓶子的瓶口并不像之前那样用火焰熔合，而是用木塞塞着。斯帕拉捷是特意这样做的，因为他要按照尼达姆的做法去证实。他把这些煮好的瓶子一个个仔细地排列着，等过些时间就可以看到结果了。为了打发这恼人的等候，斯帕拉捷去钓鱼，可是心里总是惦记着实验的结果，鱼儿上钩了也忘记拉起鱼竿；他去采集矿物，也忘了把矿物带回来。为了让时间快点过去，他设法多做弥撒，赚更多的钱，好去研究青蛙和蟾蜍如何交配的。时间到了，他赶紧回到实验室中，想立即知道实验的结果。如果真的是像尼达姆说的，那么这个只煮了几分钟的第一组瓶子中，应该是有动物存活的，而煮了一两个小时的瓶子里就应该没有动物存活。他迫不及待地一个个打开瓶塞，逐个放在透镜下进行观看。意外出现了，他发现那些煮了一两个小时的瓶中，里面不仅有活着的动物，甚至还比那组只煮了几分

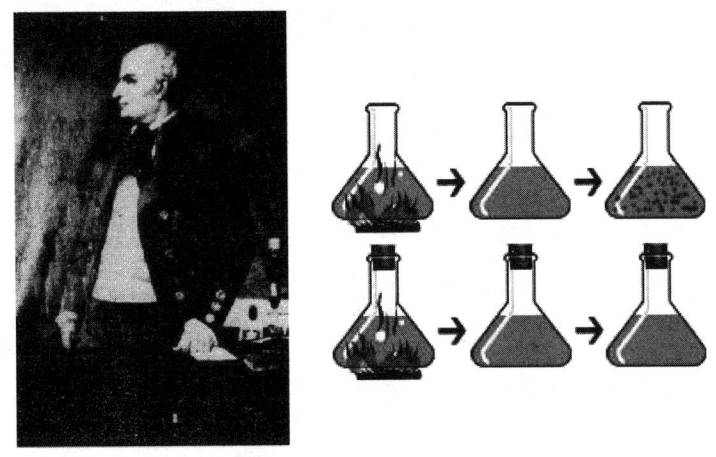

斯帕拉捷的加热瓶子实验

钟的瓶子里的还要多。

斯帕拉捷高兴地大笑起来,他知道这并不是生长力在起作用。事实是,即使用软木塞塞住瓶口,也会有肉眼看不见的小生物通过空气中钻进去。尽管加热这些汤汁会阻止它们进来,但是等汤一凉,那些微小生物也还是会进去照样繁衍。

这个实验推翻了尼达姆的论点,证明了斯帕拉捷的想法是对的。但是他还想得出更准确的观点,甚至推翻他自己之前的理论。这在常人眼里简直是不可思议的,但对于科学家而言,不断地推翻旧观点,得出更准确的理论,这也是一种进步。也只有真正的科学家才会做出这样的事情。斯帕拉捷就是这样极少数的真正科学家之一。他渴求知识已经达到了忘我的境界,他虔诚地做着各种实验,希望找出更好的结论,推翻自己之前的观点。在像他这样的科学家眼里,只有真理才是真正可贵的,它超越了人们本身所抱的幻想和愿望。斯帕拉捷背着手,在实验室中来回踱来踱去,心中也在猜测:难道尼达姆猜到了,种子中或许真有一种神秘的力,被高热毁掉了?

为了证实这一点,斯帕拉捷又找来一些烧瓶,洗干净之后装上豆子。这次他要把这些瓶子放在煮咖啡豆的容器里进行烘烤,这样温度就比普通的在水里煮要高多了。直到烧瓶里的豆子烤成焦炭,他又往里灌上经过蒸馏之后

的清水，接着继续烘烤。斯帕拉捷边做边说："这下就算再强的生长力，也该煮死了。"过了几天之后，他回到实验室来检查结果，从透镜中看到，在这些用烤得焦炭一样的豆子做成的汤汁里，充满了无数的小生物，它们四处跳动着，居然和那些没有经过烘烤的豆子做成的汤汁中的动物一样多。现在的情况却是，斯帕拉捷本想用实验推翻自己之前的理论，可不曾想到，实验的结果却恰好推翻了尼达姆和布丰的观点，他们曾经说过，热力会毁掉生物的生长力，从而不会产生小动物。但是现在的事实却刚好相反。正是这些烤得像焦炭一样的东西，给小动物的存活提供了最好的食物，这也就是现在所说的生长力。

斯帕拉捷把这个重大发现诉诸外界。很快，整个欧洲开始关注他的这个解说。可接下来，继续探索这些小动物的交配、斗争以及死亡，是一件很困难的事情，斯帕拉捷想转移一下视线。他想研究一下人类的胃是如何消化食物，于是就拿自己来做实验。为了了解蝙蝠是如何在黑暗的地方不靠眼睛飞行，他常躲在家里黑暗的阁楼里观察。另外他也没忘记关怀自己的家人，常常抽出时间，教育自己的弟妹和侄子们。

过了一段时间后，斯帕拉捷又重新思考生命是如何产生的这个问题。从宗教的角度看，他知道自己不应该多问，因为他必须把这样的一种信仰当作是上帝创造的一种奇迹。但是他没有这样做。斯帕拉捷不仅研究小动物，还对那些更大点的动物也感兴趣。比如现在，他就要研究蟾蜍的交配。他想弄清楚为什么那些雄蟾蜍要死死抱着雌蟾蜍。这样的好奇心，引发他想出一系列不可思议的实验来。

斯帕拉捷不是有意要去伤害这些雄蟾蜍的。他只想知道事情的真相，了解那些小蟾蜍究竟是怎样产生的，或者是怎么做才能阻止雄蟾蜍这样做呢？他尝试着砍掉蟾蜍的后腿，以为这样雄蟾蜍就会放弃。但是这位神父发现，即便是自己这样做，那只快死的蟾蜍也依然紧紧地抱着雌蟾蜍。斯帕拉捷认为这可能是雄蟾蜍太热情似火才这样的。为了寻求真理，他不得不对这些无辜的动物做各种残酷的实验，甚至把自己也拿来做实验。为了研究胃是如何消化食物的，斯帕拉捷把肉放在一个木块里，连着木块一起吞进肚里，然后又把木块抠出来，看那上面的肉发生了什么样的变化。他这样不断地折磨自己，直到最后实在受不了，才放弃了这种做法。

斯帕拉捷写信给欧洲的研究家，以及那些不相信宗教的人。这其中有一位叫沃尔泰的人成了他的挚友。他认为意大利就缺少天才的科学家，这里笼罩着的一种气氛，压抑着科学的推广。现在斯帕拉捷带领着一群鲁莽的科学家和哲学家，这些人都是发自内心的想要寻求真理之人。此时，当世界都忙于建立幸福与正义的时候，科学正在不知不觉地发生着翻天覆地的变化。这些人都相信斯帕拉捷的理论推翻了动物学说，即便是那些关于最微小动物的无稽之说。这些人在沃尔泰的领导下，大肆嘲笑尼达姆和布丰，嘲笑他们提出的关于生长力说法。

对此，尼达姆反应激烈，他坚持说："生长力是存在着的，尽管现在还无法看到或者测量出，但这种神奇的东西能使汤汁中产生生命，甚至不需要任何东西作为依托，就能产生生命。这种力量可能经得起高温的烘烤。它唯一需要的就是空气。当斯帕拉捷把瓶子煮了有一个小时的时候，瓶中的空气弹性就被破坏了。"斯帕拉捷不赞成他这种说法，要求做出实验来证实。但是尼达姆并没进行这样的实验。斯帕拉捷说："尼达姆曾经也加热过空气，只是不知道是否真的减少了弹性。现在我自己来做个实验，看看结果到底如何。"于是，他找来豆子放进一排烧瓶中，这回用高温熔合了瓶口，然后煮了一个小时。等过了一些时候，斯帕拉捷回到这里，把其中一个瓶子的瓶颈打碎，就在这时，他听见一点咝咝的声音。他感到吃惊，"这个是什么？"于是马上抓起第二个瓶子同样敲碎瓶颈，又出现了咝咝的声音！这回他肯定了，大声说道："这是空气流动发出的声音。它们从瓶内出来或者是外面的空气流进去。"他找来一根蜡烛，点燃之后放在第三个瓶子的瓶口处，然后他敲碎瓶颈，发现蜡烛的火焰在瓶口处向内倾斜，被吸了进去。这个现象表明，瓶内的空气弹性要比瓶外的小。如此一来的话，尼达姆说的很可能是正确的！

突然在这一刻，斯帕拉捷怔住了。实验显示的结果似乎说明那个他一直反

驳的尼达姆是对的。他好像毫无意识地言中了热力对密闭空气的作用。他的额头冒出了一些汗珠，心里在揣测着，天哪，那个无知的家伙，一向只知道说些空话，却不曾想居然也有说中的时候。如此的话，这些年辛苦得到的事实岂不是毫无意义了？斯帕拉捷不愿相信这个结果，他开始有点浮躁不安，对学生也变得严厉起来。他想通过背诗，强迫自己冷静下来，但是他知道这也无济于事，心中总有个声音在说："为什么在敲碎瓶颈的时候空气会冲进去呢？这或许跟弹性完全不相关。赶紧找出实证来说服自己吧。"就是这样的想法，一直围绕着斯帕拉捷，他根本没有心思做弥撒或者其他事情。一个偶然的时机，一个灵光突然闪过他的头脑，他似乎发现了什么！于是，他赶紧跑到实验室中去。他现在要做一个实验，证明尼达姆的观点是错误的。当然在做实验之前，斯帕拉捷已经找到了其中的原因。他对着那些瓶子笑着，自言自语地说："我做实验用的瓶子瓶颈都很大，熔化这些瓶颈肯定会需要大量的热，所以这些热在瓶口熔合的时候就把大量的空气驱赶到瓶外来了。一旦敲碎瓶颈，外面的空气就会迅速往瓶内冲，因此也就出现了咝咝的声音，这样一来不就清楚了吗！"

瓶外的开水会伤害瓶内的空气弹性，是尼达姆非常荒唐的一个说法。可是怎么才能证明这一点呢？如何做才能既把空气留在瓶子里，又能把瓶口封住呢？他又取来另一瓶子，把豆子放进去，往瓶里注满水。接着，他把瓶口放在火焰上不停转动，使得瓶子的口能融合成一个小口，但是依然可以和外界的空气相通。等到瓶子冷却后，瓶子里的空气和外边的就是一样的了。然后，他用一束极小的火焰，把细小的瓶口熔合。观察眼前的瓶子，检查里面是否还有空气。这个效果正是他想看到的。现在，把瓶子放进开水里煮将近一个小时的时间，再小心地将密封的瓶口敲碎，能听到啪啪作响的声音！但是这次的火焰从瓶口向外吹了，很显然，瓶里的空气弹性比瓶外的要大！"

由于长时间的开水煮并没有破坏空气。它的弹性比以前更强了。按照尼达姆的说法，对于这种独特生长力来说弹力是不可或缺的。瓶里的空气弹性超级强大，可是在瓶子中取出的一滴滴汁液里，斯帕拉捷没有发现一个小生命。他

鼓励自己，以列文虎克那样永不放弃的精神做着相同的实验。他不小心打碎了瓶子，被开水打湿了衣服，烫坏了双手，但是他根本就不当回事。他下定决心，一定要重新做更多的试验，结果都证实他的初始结论确实无误。

满载荣誉

斯帕拉捷获得了胜利，尼达姆和布丰也听到了。他向整个欧洲宣告了他的实验结果。他们傻傻地坐在荒诞的理论当中，一句话也说不出来。很明显，斯帕拉捷已经用一个简单的事实把他们的嘴都堵上了。然后，这位意大利人也写了一些作品。现在他称得上是实验室里的专家了。

斯帕拉捷现在已经明确相信，就算是最小的动物，也是起源于一个生命的。他坚信，每一种动物肯定都有母体，就像一匹小斑马是不能变成一只长颈鹿的，也不会变成麝香牛一样，斑马就是斑马，它只能是斑马。

斯帕拉捷大声喊道，"无论怎样，尼达姆是不对的，动物中是存在规则的，我已经证实过了，就像星星有规律地运动一样。"他说过，如果不拿出真正的事实打倒尼达姆，他就会把这门科学搞得乌烟瘴气。尼达姆那凭空想象的生长力如果真的存在的话，他想什么就会有什么了。斯帕拉捷说："在汁液里发现的小动物，不断变化，一会儿细如发丝，一会儿变成椭圆的球形，有时像条蛇一样弯曲，有时像射线一样延伸。这些各种异常的动物，都为尼达姆的理论提供了例子，使他很容易解释，生长力是怎样变幻多端的，忽而产生蛙，忽而产生狗；有时又产生一头象；昨天还是一只蚊子，今天就变成了鲸鱼，明天又成了狮子；这会儿是一头牛，过会儿是一个人。"这样一来，尼达姆就被毁了，他的生长力也毁了。人们又可以安心舒适地生活了；活得气定神闲，知道周围没有隐藏什么神秘邪恶的力量，会随时把自己变成一头河马。

响彻整个欧洲大学的斯帕拉捷如今赫赫有名。各个学院都认为，他是当时最厉害的科学家，连腓特列大帝也曾经亲自给他写信，授予他进入柏林学院的资格；奥地利女皇玛丽亚·特利莎也向他发出邀请，希望他能担任隆巴迪的帕维亚大学的教授。不过这所学校虽然历史悠久，却早就没有从前那么繁盛了。女皇派来宣传造势的代表团，是赫赫有名的官方枢密顾问代表团，他们手捧着御赐的诏书，诚恳地邀请斯帕拉捷能加入这所仅剩下名字的大学。自然，关于薪水的问题，他也没有回避。最后，答应了担任博物学教授，并且兼任帕维亚自然博物馆馆长。

来到博物馆后，他发现橱里没有任何的物品。他把袖子卷起来，开始做大规模的公开实验，使得学生们很是期待。由于他技术高超，实验结果总是很成功。他又从各地买来无数奇珍异兽和稀有的植物，来填充空无一物的博物馆。他不惧万难，亲自攀登高山峻岭，拿回来稀有的矿物和矿石；他捕捉斧头鲨，收集羽毛秀美的飞鸟，为博物馆做标本。旅行消耗了他的精力，他与世人心中严肃的科学家形象完全不一样。

他拥有全部的魄力和对群众的号召力，是一位罗斯福式的人物，这里指的是1901年至1909年任美国总统的西奥多·罗斯福。在这种热烈兴奋的采集活动和讲学的休息时间里，他在实验室里与汤汁和微小动物为伴，不停地做实验，以证明这些畜生顺从自然规律，比如人、马、象都要遵循然规律一样。他在一小片玻璃上滴一滴微生物汇集的汁液，用一口烟喷向它们，然后用透镜密切地观察它们。他看到它们为了躲避烟雾的刺激到处逃窜，兴奋得叫喊起来。他用电火花电击它们，看到小动物"头昏目眩"，不停地转圈，几乎马上就要死掉了，又赞叹不已："小动物的种子或卵，可能与鸡卵、蛙卵、鱼卵不同，它们在我的封闭瓶子里可能经受得住开水的温度，这些小动物确实与其他动物都是一样的！"但他刚说完，又不得不把自己的话收回，"地球上的一切动物，一定要生活在空气里。"他娴熟地拿出一些非常细的玻璃管，像列文虎克用以研究他的小动物的管子一样。他把管子泡到微生物群集的汁液里，让液体进入细如发丝的管道 。

然后，斯帕拉捷将管子的一头密封了，另一头则巧妙地系在强有力的真空泵上，把泵打开，用透镜对准玻璃管子的薄壁。本来他认为可以看见"供小动物游泳之用的小手臂"不再活动，以为它们都会昏厥，然后静止在那里。但最后，他发现这些对微生物却完全起不到任何作用，它们就像什么都没发生一样，照样各干各的，似乎不知道有维持生命的空气这种东西存在！几天、几周之内，它们都还活着。斯帕拉捷只得不停地实验，他甚至怀疑，自己是不是有什么地方弄错了。这不可能！没有了空气，这些生命是怎样呼吸的呢？他给友人邦尼特写信，将自己的发现告诉他："有些微生物的本能是惊人的！它们在空气中的机能可以在真空状态下使用。它们没有任何变化，在液体里活动，甚至在真空的环境里繁衍了几天。这是多么不可思议啊！我们原来总是觉得，如果没有空气给予的好处，就不会有生物生存。"虽然，斯帕拉捷以他的想象力和思维敏捷而著称，学生们、有知识的女士们、博学的教授们和征城掠地的君主们对他的歌颂和赞扬，让他更加骄傲和自大，但他又是一个实验家，首先他是一个正直的实验家，当一个新事实打败了他脑子当中的猜想时，他会低头承认错误。这位在他的实验中十分诚实的人，这位只报告在实验室的臭味毒气和闪光发亮的仪器中间所发现的哲理，而决不故弄玄虚的科学家，却在要求加薪水时，玩弄了低级的计谋。这位踢足球、爬山探险的斯帕拉捷，向维也纳政府说自己的身体不足以生存，他说帕维亚的雾和蒸汽快要将他杀害了。皇帝为了挽留他，只能增加他的薪水，并且把他的假期延长一倍！斯帕拉捷大笑，讽刺地把他的谎言当作一种政治态度。他得逞了，他以令人眼花缭乱的实验、密切的观察、疯狂的举动得到了真理；他以工作，也以阴谋和谎言得到金钱和地位；他以神父的身份而免受宗教迫害。现在，由于他年纪大了，开始着急于到远离他那巴掌大的实验室的区域，去做荒唐的研究。他坚持要采访古城特洛伊的原址，它的木马故事让他激情澎湃过；他一定要了解帝王的奴隶、太监、妃嫔，他觉得，这些也是博物史的一部分，就像他的蝙蝠、蟾蜍、种子浸液中的小动物一样。他用各种方法，终于得到了约瑟夫皇帝给他的一年带薪休假，同意他去君士坦丁堡旅行，借口就是他的身体已渐渐老去，而实际上他的身体非常棒。于是，斯帕拉捷舍弃了成排的烧瓶，关闭了实验室，以充满戏剧性的故事情节，眼含热泪地向学生们道别。航行在地中海的时候，他晕船晕得严重，船又不幸沉没了，可他用尽了全部的力量保护了在某些岛上收集到的标本。在苏丹，国王盛宴招待了他，让他研究美丽姬妾的风俗习性，但他却发现，自己非常讨厌他们的奴隶习惯和无药可救的宿命论人生观——"我们西方人，要用我们的新科学，征服不可避免的，看起来永无止境的人类所受的痛苦和折磨。"你可以想象，当他对充满绅士风度，可是深陷泥潭、无法自救的东方朋友说这些话时，结果会是怎样。他信仰能力无限的上帝，不过在信仰的同时，他的眼中闪烁着研究家的精神，发觉事实的精神。这一切影响着他的所有言论和思维，让他为上帝辩解，称之为自然和不可知；驱使他表明发现乃至征服这个未知的大自然中。他自认为是上帝的左膀右臂。

数月后，斯帕拉捷由勇士护卫着，从巴尔干半岛回到了大陆，保加利亚公爵和窝雷基阿王公热情款待了他。他回到维也纳后的第一件事，便是向上级和主公约瑟夫二世述职请安，并得到了嘉奖，此时此刻无疑是他一生中最显赫最威风的时候。之后的他，便醉心于昔日的荣耀之中，不再有什么作为。可以设想，此时的他自认为实现了终生所愿，往后的日子又该做些什么呢？

微生物的繁殖方式

当斯帕拉捷载誉归来之时，一片阴霾正笼罩着他的母校——帕斯维亚大学，要知道，斯帕拉捷刚刚才把它从泥潭中拉出来。长期以来，别的教授一直对斯帕拉捷拉拢自己的学生耿耿于怀，他们恨不得要生吞活剥了他，而现在，他们正持剑以待。

斯帕拉捷远洋跋涉，历经千难万险，终于让籍籍无名的帕维亚博物馆声名远扬。除此之外，在他的老家——斯坎提阿诺，他还有一个自己的私人博物馆。

某日，斯帕拉捷的宿敌——小肚鸡肠的卡农·沃尔塔，来到了斯坎提阿诺，悄悄进入了斯帕拉捷的私人博物馆，把屋子里的东西看了个遍，发现那里有些瓶瓶罐罐，这里有一只鸟，而那边又有一条鱼，而且全都标着帕维亚大学博物馆的标签！沃尔塔不怀好意地笑了笑，生出一条毒计——他要给斯帕拉捷的荣誉抹黑。于是，他把这些宝贝全都放在黑色大氅里偷走了。

沃尔塔与斯卡巴和斯科波利串通一气，打算赶在斯帕拉捷从维也纳回来前，向外面散播谣言。于是他们刊印了无数本小手册，把它们全都寄送给欧洲的各大名人和学术团体。他们在这本小手册里，控诉了斯帕拉捷将帕维亚大学的标本据为己有，并藏到斯坎提阿诺的小博物馆里，这样的行径无耻至极。

顷刻间，斯帕拉捷在世人心中的高大形象轰然崩塌；一转眼的功夫，一切功名利禄全都成了过往云烟；甚至在梦中，他都能听到那些对他既羡慕又嫉妒的人得意的笑声；他开始想象那些曾经的手下败将，如今正高兴地捧腹大笑，他甚至设想到那个愚蠢的生长力又死灰复燃了……

几天后，他重新振作起来，固然，如今的他无疑是整件丑闻中的焦点，但是，他依然挺直胸膛站了起来，他要反击那些控诉他的人。如今的斯帕拉捷，早已变了，他不再是观察入微的微生物猎人，也不再是温文尔雅的使者，他成了一名玩弄权术的政客。为了达成所愿，他准备成立一个调查委员会，将所有支持的人全都吸收进来，与敌对者进行最后的决战。

我无法探知他在返回帕维亚的途中会有何想法，当他偷偷进城时，那些昔日的跟随者会不会避开他，并在一旁对他指指点点？这不是不可能的事情。但是，令他意外的是，当他临近帕维亚城门的时候，看见城门口有一大群崇拜他的学生正恭候在那里，并向他表态，会一直追随着他。于是他在欢呼声中被簇拥到他以前的讲座上。这个原本孤傲的人，此时此刻竟无语凝噎，他被学生们的支持所感动，患难中的忠诚显得弥足珍贵。

接着，调查委员会便宣布让他与原告出席审判，如果你知道斯帕拉捷是什么样的人，就不难想象此后发生的激战！开庭后，斯帕拉捷向审判官自辩，那些所谓从帕维亚大学博物馆盗来的鸟类标本，实际上是一些粗制滥造、羽毛肮

帕维亚大学

脏的玩意儿，即便是把它们放到乡村学校的展柜上，也会使学校蒙羞，这些不过是大学不要的残次品而已。并且，他承认以前与其他大学的博物馆有过交易，但是他只是拿一些蛇和犰狳与之交换，这样的交换对帕维亚大学而言，是有利的。而原告——沃尔塔则曾经盗窃博物馆的宝石，送给了亲友……

后来，经过审查，法官宣判斯帕拉捷盗窃罪名不成立（虽然今天无法确认他是否还有其他小错误）。之后，帕维亚大学将沃尔塔及其同谋者开除。本次事件，让整个欧洲蒙羞，学生们滋事闹事不断，有损大学的名声，因此国王下令，任何人（包括斯帕拉捷在内）不得重提此事，违者重罚。但怒火难平的斯帕拉捷却并不买账，他要借此时机痛打落水狗，他给沃尔塔起了个外号——牛皮大王，然后又给斯卡巴和斯科波利制造了一些难以启齿的下流诨名；这样一来，他心情好多了，也就可以安心地去猎取微生物了。

斯帕拉捷从观察微生物到现在，一直不明白这些微生物是如何繁衍后代的。有好几次，他都看见两个微生物结合在一起，带着疑问，他给邦尼特写的信中如此提到："有时候你会看见有两个动物连接在一起，而此时的你必然以为它们是在交配。"果真如此吗？他把这些观察匆匆地记录在他那旧笔记本里，然后根据观察把它们结合时的情况画了下来。但是，在面对很多事情上，他虽然任意妄为，但是只要这事情与实验或结论相关，他定然是严谨的，与当年的老列文虎克不相上下。

邦尼特把斯帕拉捷的疑惑——微生物如何繁殖，转告了自己的朋友德·索热尔，他是一个聪明人，但并不出名。接着，这个聪明人便准备好了显微镜和观察材料，通过对微生物长时间地观察，还是有所发现的。他把发现到的全都写在论文里，向我们揭示：当两个微生物结合在一起时，它们不是在交配繁殖，恰恰相反，这两只结合在一起的动物其实只是一只老动物，它正在一分为二，分成两只新的微生物！接着，德·索热尔补充道，此途径是微生物繁殖的不二法则，它们并不懂得人类的结合。

当斯帕拉捷看到这篇论文后，立马就拿起显微镜对微生物进行观察，他对这样的怪事情仍然半信半疑，但通过仔细观察，他不得不承认，德·索热尔是对的。因此，这个意大利人写了封极其恭维的信给那位瑞士人，以示庆贺；斯帕拉捷不但是个斗士，而且还具有阴谋家的气质，其他人拥有的荣耀他既不屑，但又渴求，但是德·索热尔的发现让他暂时忘记了嫉妒和不屑。对同一种神秘的认识达成共识，让斯帕拉捷和这些日内瓦的博物学者结合在了一起；他们一起研究实验，寻找真理，然后用真理搭建起科学的大楼。这些人讨厌战争，他们是最早的世界公民，纯粹的国际主义者。

为了维持与日内瓦好友的友谊，以及打压那些花里胡哨的另类科学的气焰，斯帕拉捷不得不做了一生中最有独创性的研究。有一个叫埃利斯的英国人，发表了一篇论文，宣称德·索热尔关于小动物分裂为二的观察简直就是谬论。虽然埃利斯认为微生物有时候确实存在分裂为二的情况，但他却说，"这不能说明它们在繁殖！这无非是某个微生物在水中游动速度过快，从而撞上了另一只微生物，将其一分为二，而这就是德·索热尔所谓的理论，仅此而已。"

"对了，"埃利斯继续说道，"微生物其实也是单个生育的，这如同我们见到的任何动物一样，新生命都是由母体孕育出来的。而且，我还用显微镜仔细察看过，我看到老微生物的身体里包含着小微生物，如果再仔细点看，你还能在它们肚子里看见它们的孙儿们，这可是千真万确的。"

"一派胡言！"愤怒的斯帕拉捷心中这样说道。他认为埃利斯的理论简直

就是胡说八道，可如何去揭穿这样的谎言？又如何去证明微生物的繁殖是通过一分为二的呢？

他觉得自己得摆正态度，得站在科学家的立场上来看待件事，必须做到客观公正。自己虽然不喜欢埃利斯这个哗众取宠的人，但是在科学研究方面，必须要对事不对人，一码归一码，只有用事实去证明微生物并非互相碰撞而分裂为二，才是理智的做法。经过一番思考，他想到一个办法来证明这个问题：

"我只需要把一只微生物隔离出来，把它放到一个没有任何杂质可以碰撞它的地方，然后再坐下来，用显微镜观察，就可以知晓它是不是分裂为二了。"这个办法的确可以求证出结果，但是怎样才能把如此渺小的东西从成群结队的同伴中分离出来呢？我们能够轻易地从一窝狗仔里抓出一只小狗来，也可以毫不费力地在兄弟姐妹众多的鲦鱼群中抓出一条鲦鱼，但我们却无法抓出它的尾巴，而现在要抓出一个微生物来，可真是千难万难，想要捉住它，那它就得大100万倍才可以。

斯帕拉捷，这个喜欢宏大庆典，喜欢对大众讲学的人，这个平民的英雄，这个学术的权威者，如今与这些荣耀与欢乐道别，重拾以前的热情和兴趣，干起了这项枯燥的工作。而他做的工作就是：想一个切实可行的办法，让一只一英寸的2.5万分之几的小动物，从群体中走出来。

他来到实验室，在一片洁净的水晶玻璃上滴上一滴充满微生物的菌苗液。接着，他又拿出一截比头发丝还细的干净管子，在水晶玻璃上又滴上一滴蒸馏水（里面一只微生物都没有）。

"我现在就可以动手抓一只了。"他一边想着，一边把透镜对准那滴含有微生物的水滴。他取出一根干净的针，慢慢地伸进含有微生物的汤滴里，然后在蒸馏水滴与汤滴之间划一条水痕，使两滴水连通起来。接着，他麻利地把透镜对准两种水滴间的通道，当他看到这些游来游去的小家伙们从通道中游过的时候，嘴里不由得嘟哝了一声。然后他拿起一枝驼毛刷子将两种水滴分开，因为他已经看见在蒸馏水那边已经有一只微生物了，以免其他微生物进入清水滴中，他中断了两滴水的交通，而现在，这滴清水中，就只有一只微生物了。

"天啊！"他兴奋地喊了起来，"瞧啊，我居然做到前人无法做到的事情，我抓出了一只微生物，现在这滴水珠中就只有它自己了，再也没有什么能冲撞它了，剩下的就是慢慢观察了，看看它是不是会分裂为二！"他坐了下来，脖子和手臂由于长时间的不活动，已经有些僵硬了，但是此时却必须保持平稳，他弯下腰，聚精会神地看着玻璃上的水滴。"它太小了，"他想，"它就像一条独自游行在大海里的鱼，多么孤单。"

接下来，一幕令他惊奇的事情发生了。这个极其细微，如同棍棒的小家伙，却神奇地变化了：它中间的部分忽然变细了，并且不断变细。最后，这只微生物就像是用蛛丝连接起来一样，它的两头开始不断扭动起来，一下子，就一分为二了。它变成了两只形状完整，缓缓游动的小动物。但它们更短一些，其余部分与母体并无差异。继续观察几分钟，你会发现更奇妙的事，这两只微生物居然如同它们的母体那样，又分裂了，原本只有一只微生物的水滴，如今有了四只微生物！

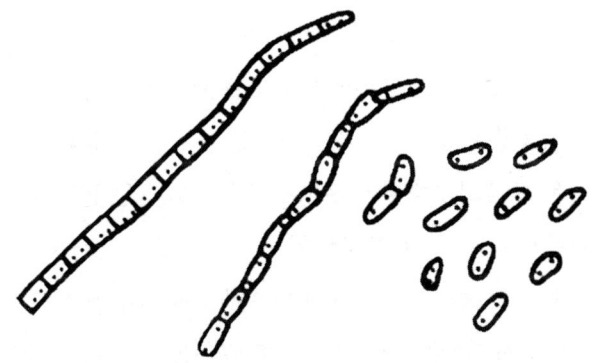

微生物的分裂

高兴的斯帕拉捷不断重复着这个奇妙的实验，一直重复了二十多次，每一次的结果全都一样；接着，他就以学术界泰斗的权威，严厉驳斥了埃利斯和他的无稽之谈，而埃利斯显然毫无还手之力。后来，斯帕拉捷不计前嫌，他叫埃利斯重返校园，去学习如何猎捕微生物，并告诉埃利斯应该好好地看一遍德索热尔的论文，不要不经思考就乱下定论，否则只会把科研工作搞乱。

作为一名科学家，一名独立的自然研究者，就应该如同一名作家、一名画家或一名音乐家那样，热爱自己的工作。斯帕拉捷正是这样一个人，他时而是艺术家，时而又是严谨的研究家。他述说着自己的经历，把自己当成了现代探险队的英雄，比作了哥伦布和亚美力哥、韦斯普奇，而神秘的微生物世界则是他的新大陆，他觉得自己是个勇者，而现在的自己只窥探到宇宙的边缘而已。这种生物的毒性他只字未提，他不喜欢在文字上作天马行空的推测，但是他的天赋却又悄悄告诉他：这些小家伙对它们的兄弟（人类）而言，有着神秘的重要性，而这种重要性鲜为人知……

斯帕拉捷精神

1799年初，当拿破仑向旧世界发动进攻时，当贝多芬第一部高亢的交响曲在敲打19世纪的大门时，这位非凡的微生物猎人得了脑卒中。病来如山倒，才过了三天，他就变得病怏怏了，虚弱地躺在床上，但他依然乐观，面对前来探望他的亲友，他背诵起了塔索和霍默的诗句，以宽慰他们的心。虽然他不愿承认自己早已无药可救，可这的确是他最后一次吟诵了，没过几天，他便离世了。

在埃及，法老死亡后，宫廷医师就会在他的腹腔中填入药物和香料，然后把他们做成木乃伊，希望能够万年不朽。而在希腊和罗马，人们也会在死者离世后，根据他们的相貌重塑出一尊塑像，让后人永远缅怀。而这位绝世天才斯帕拉捷会在死后，给我们留下什么呢？

在帕维亚大学，有一尊他的半身像。在帕维亚附近的自然博物馆里，保存着他的膀胱，你若有兴趣，可以前往观看。而现在又有什么语言更适合作斯帕拉捷的墓志铭呢？他追求真理的精神又将以何种形式体现？这位伟大的生物学家，终身钻研万物，蔑视习俗，不辞艰辛万苦，也从来不顾恶劣气味和畏惧违背常理的事情。人们又将如何缅怀他呢？

斯帕拉捷雕像

他知道自己膀胱有病，所以让人们在他死后把它解剖出来。他还告诉自己的学生："继续研究这个膀胱，还会发现新东西呢。"

这就是斯帕拉捷精神。他愤世嫉俗，有一颗四处探寻的好奇心，还有一个冷酷无情地推断世界的灵魂。也许在现在看来，他那个时代并没有发现对我们现在真正实用的东西。但是就是那个世纪，他们创造了科学的殿堂，让后世人们进入到了这个领域学习探索。事实也如此，后来我们所熟知的法拉第和巴斯德，阿累尼阿斯和埃米尔·费希尔，以及欧内斯特·拉瑟福德等，都是为这个领域的认知奉献出了一生。

第三章

巴斯德：微生物是危险物

他像父亲一样耐心照顾着那些酵母，饲养它们，给予它们关爱，称赞它们将糖转化为酒精的神奇力量。为了照料它们，他不顾自己的身体，不顾法国中产阶级人民的风俗习惯，坚持守护着它们。

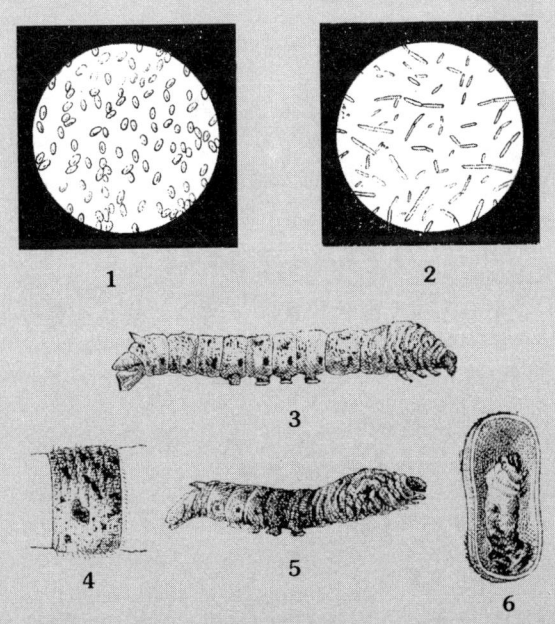

路易斯·巴斯德简介

路易斯·巴斯德（公元1822—1895年），法国微生物学家、化学家、微生物学的奠基人之一，有"细菌学之父"的美誉。他研究了微生物的类型、习性、营养、繁殖、作用等，奠定了工业微生物学和医学微生物学的基础，并开创了微生物生理学。他倡导疾病细菌学说（胚种学说），发明了预防接种方法，最先创造出狂犬病和炭疽的疫苗，被世人称颂为"进入科学王国的最完美无缺的人"。

生平主要事迹

1822年　出生在法国东部的多尔镇

1839年—1842年　就读贝桑松皇家学院学习

1843年　发表的"双晶现象研究"和"结晶形态"两篇论文，开创了对物质光学性质的研究

1854年—1857年　任里尔科技大学理学院院长和化学教授，提出了以微生物代谢活动为基础的发酵本质新理论

1857年　发表"关于乳酸发酵的记录"，该论文被认为是微生物学界公认的经典论文

1862年　被选为法国科学院院士

1863年—1867年　兼任巴黎美术学校教授

1869年　当选为英国皇家学会会员

1880年　成功地研制出鸡霍乱疫苗

1885年　以减毒的方式研制出减毒狂犬病疫苗

1887年　在巴黎创立了私人研究所——巴斯德研究所

1892年　巴黎大学为庆祝巴斯德70寿辰举行了盛大的国际性庆典

1895年　在巴黎病逝

恶狼事件的影响

斯帕拉捷去世后的第32年,也就是1831年,微生物的狩猎又停滞了下来。这种宏观上看不见的东西,人们总是不愿意提及,也总是容易被人们遗忘,但是与此同时,其他科学却突飞猛进:火车头发出的轰鸣声,使欧美的马胆战心惊;电报也即将问世。而此时精巧的显微镜也已被发明出来,但是没有人用它来观察那些肉眼所看不见的东西,这些令人怜悯的微生物也得不到世界的发现了。这些有意义的事情,即便是能设计出复杂的蒸汽机的人也不可能做到。有这样一个恐怖的事实恐怕没有人提及:这些令人鄙夷的微小生物可以悄无声息地将一大批人置之死地,法国革命中的断头台抑或滑铁卢战场上的大炮,也远远比不了它杀人的速度。

1831年10月的某一天,位于法国东部的一个村庄里,一家铁匠铺门口熙熙攘攘地围了一群人,一个孩子惊慌失措地从人群旁跑开了。这个孩子在人们交头接耳之余,听到火红的烙铁烙在人身上的声音,在这恐怖的声音之后,传来的是一阵悲痛的低吟声。这个被折磨的农民便是尼古拉,他刚刚遭到一只恶狼的攻击,那只恶狼的牙上还残留着毒液,嚎叫着在村里四处疯咬。这个小孩是阿尔布瓦一个补鞋匠的儿子,是乌特雷西埃尔伯爵家一个奴仆的曾孙,名叫路易斯·巴斯德。

少年巴斯德

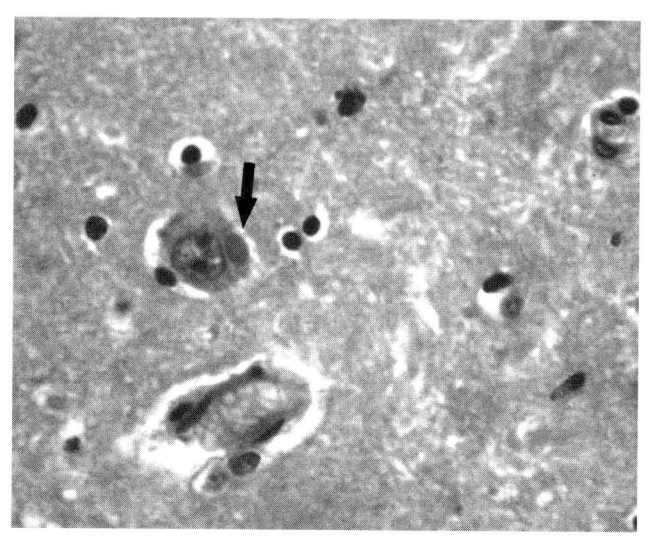

狂犬病病毒

十几天之后，被恶狼咬伤的 8 个人，全都在狂犬病的折磨下死去。这些人的惨叫声，在这个被别人称之为笨蛋的孩子的耳旁回荡，那个在农奴身上烫过的烙铁也深深地刻在了这个孩子的脑子里。

路易斯向父亲问道："父亲，为什么狼或狗会发疯呢？为什么人被发疯的狼或狗咬过之后会死呢？"路易斯的父亲曾经是拿破仑军队一名士兵。他见过战场上死伤无数的情景，然而他想不通人为什么会因疾病而去世。"或许狼被魔鬼附体了，又或许这是命中注定的事情，天要你亡，你就不得不亡。"路易斯的父亲如此回答他的儿子。这种回答方式和诊所收费高的医生，以及最聪明的科学家的回答如出一辙。1831 年，谁都不清楚为什么被疯狗攻击之后就会死，所有疾病的病源，没有一个人知道，是那样的神秘。

这件恶狼咬人事件，使年仅 9 岁的路易斯·巴斯德下决心，终有一日要找到狂犬病的治愈方法——这样的说法确实很让人感动，但看起来好像不真实。尽管下面这些事情是真实情况：在疯狼咬人事件中，他比一般孩子受到惊吓的程度更深，比别人更容易多想，比别人更胆战心惊，那股皮肤被烧焦的气味，在他鼻子中显得更浓一些，那哀嚎声更刺耳。总而言之，巴斯德有成为艺术家的潜质，但正是巴斯德的这种潜质，还有他的科研成果，帮助他将微生物从斯帕拉捷死后的低靡状态中拉了出来。其实，在巴斯德 20 岁之前，人们一点儿也看不出他将来能成为一个伟大的研究家。他只不过是一个勤奋好学、思维严谨的孩子，人们也没有对他有过多的关注。平时玩耍时，他只是画一画鞣皮作场门前的那条溪流。为了提高他的画艺，亲人们没有将他画完的画进行修改，虽然他画的那些母亲肖像画并不栩栩如生，但每一幅画都跟他母亲有些神似。

在那时，毋庸置疑的是，人们早已将绝种的渡渡鸟，以及其他小动物抛诸脑后了。瑞典分类学家林奈，尽管非常用心地对所有生物做了分类，但对微生物却丝毫不感兴趣。林内觉得微生物过小、过杂，任何人都不会认真地对它们进行研究，我们能做的就是将它们归为不明生物。但闻名遐迩、圆面孔的德国动物学家爱伦堡却不这样认为，他极力辩解，这些家伙也许并不是小动物，而是小植物呢，而自己这样做也并不是想得到嘉奖。

路易斯·巴斯德依然在刻苦读书，但是当他还在阿尔布瓦的中学读书时，他那种喜欢炫耀自己的性格就显露出来了，这种性格好坏各半，使得巴斯德形成了有史以来各种独特矛盾鲜明的混合性格。他是整个学校里年纪最小的学生，但他却要做班长，并且极富野心，老想着管教他人。巴斯德 20 岁时就已经是贝桑松中学的助教了。其间，他异常勤奋，并要求别人像自己一样勤奋努力。巴斯德曾给他可爱的妹妹们写了一封鼓舞她们的信，祈求上苍保佑她们，因为她们真的努力过了：

"雄心壮志是一件大事，亲爱的妹妹们，"他在信中如此写道，"意志决定了你的行动和工作，但成功几乎伴随着工作。成功、意志、工作这三者，让人们一生充实。意志是一把金钥匙，它能打开幸福之门；一个人只有在旅途中有所付出，才会在终点得到回报。"

当巴斯德 70 岁的时候，他的教导已毫无重点，但内容仍然通俗易懂，且非常诚恳。

巴斯德的父亲，准备送他去巴黎的高等师范学校就读，他也下定决心在那里有所成就，但他思乡之情异常强烈，对院子里的那种皮革气味念念不忘，最终，

他放弃了他的抱负,回到了阿尔布瓦……不久之后,他又重回巴黎高等师范学校,这次他坚持了下来,等到毕业那天,他眼含泪水、恋恋不舍地离开了化学家杜马的课堂。"化学是一门独特的学科。"他自言自语道,"才华横溢的杜马老师是那么受人欢迎,使人心生敬仰。"此时他已经预料到自己日后会成为一名出色的化学家。一团雾霾笼罩着拉丁区的街道,这种肮脏浮华的世界也只有化学才能解救。虽然巴斯德已经放弃画家的梦想,然而他依然有艺术家的风采。

一段时间之后,他开始了自己的研究,用装有各种颜色液体的试管,以及气味难闻的瓶子进行实验,至于实验能否成功,他毫无把握。他有一个名叫查浦侬的朋友,以前是学哲学的,但巴斯德每次与他相见,却要对他说一些关于酒石酸结晶的话题,巴斯德每次都不得不对他说:"可惜你不是一个化学家,不然就能理解我的意思了。"巴斯德当时的愿望是能把每个学生都培养成化学家,如同他40年后想让所有医生都变成微生物猎人一样。

正在做实验的巴斯德

当巴斯德正聚精会神地投身于凌乱的结晶实验时，肉眼所无法见到的微生物再次得到两位化学家的垂青，他们觉得微生物与其他生物毫无二致，就如同马匹和大象一样重要。这两名化学家分别来自德国和法国。法国的化学家名叫卡涅尔·得·拉·图尔，他思维丰富且独具一格，甚至啤酒厂里的酒桶都能成为他的实验室，1837年他就做过这样的事情。他从酒桶里取出一些带泡沫的酒，放到显微镜下仔细观察，他发现酒滴中的酵母菌居然发芽了，如同植物种子一样。他情不自禁地喊道："这些酵母菌是有生命的，它们就像别的生物那样，可以传宗接代。"通过深入研究，他忽然明白，蛇麻子和大麦若不添加酵母菌，人们无论如何也不能把它们酿造成啤酒。"大麦变成酒精的媒介一定是酵母。"经过深深思考，他发表了一篇简明扼要的论文。然而世人并没有因为这篇论文而注意到酵母，因为卡涅尔不懂得怎么宣传，新闻界的朋友也不愿替他弥补这点。

同样是在1837年，来自德国的施旺博士发表了一篇论文，虽然内容多余并且表达得不是很清楚，但还是把一个振奋人心的消息公之于众：但凡有微生物在肉中滋长，那么这块肉就会腐烂掉。"将煮熟的肉放在干净的瓶里，然后在瓶中放入从烧红管子经过的空气，你就会发现，肉可以存放上几个月都不会腐烂。但是只要拔下瓶塞，让普通空气进入瓶中，一两天肉便腐烂了。因为普通空气中都带有微生物，这些比针尖还要小1000倍的、蠕动着的微生物挤满了瓶子，它们就是让肉腐烂的根源。"

假如这个消息传到列文虎克的耳朵里，他一定会大吃一惊！而斯帕拉捷则会遣散所有教徒，狂奔到实验室去求证真假。但是欧洲人听闻这件事之后却无动于衷，仿佛没

施旺，1810年12月7日生于诺伊斯，1882年1月11日殁于科隆。德国生理学家，细胞学说的创立者之一，普遍被认为是现代组织学（研究动植物组织结构）的创始人。

有发生过一样,而此时年轻的巴斯德却在为他在化学上的重大发现做准备。

巴斯德在 26 岁时,发现了化学界的重大秘密。通过对细小结晶堆的长期研究,他发现酒石酸的种类不止两种,而是四种;只要不是对应的镜像,自然界的许多非常稀奇的化合物品种都完全一样。当他知道了自己的成就后,他舒展了一下躯体,然后立马跑出脏乱且光线昏暗的小实验室,在走廊上,他一把拉住一个他并不认识的物理学者,到卢森堡公园的树荫下款款而谈。他非常得意地向对方讲解着,而且是强迫式的讲解。他还要将这个发现告诉全世界。

发酵桶里的秘密

在这一个月里,他不断受到头发花白的化学家们的称颂,接着就莫名其妙地成了这些年龄大他三倍的学者们的平辈。之后他被斯特拉斯堡大学聘为教授,研究之余,他爱上了校长的女儿,并打算向她求婚。可是,他却不知道校长女儿是否愿意下嫁,于是就给她写了一封信,他觉得,这封信一定能让校长女儿迷恋上自己。

他在信中如此写道:"我虽然没有俊美的容颜,也没有其他可以俘获少女芳心的优点,但回想过去的经历,我可以对上帝起誓,凡是了解我的人,绝对会深爱着我。"

就这样,校长之女嫁给了巴斯德,她也成了有史以来最有名、最饱经风霜、最幸福的女人之一,在接下来的故事里,我们还会提起她。

成家后的巴斯德,依然是个工作狂,他将新郎的责任与对妻子的关怀抛在了脑后,白天黑夜都在工作着。"我的精神时常处于游离状态。"他说,"虽然夜晚即将走开,但于我而言,夜晚还是过于漫长。虽然夫人时常埋怨我,但我告诉她,她会因我而骄傲的,因为我将让她名留青史。"巴斯德继续对结晶进行研究，可他似乎走上了一条不归路，他做了一些古怪迂腐且完全没意义的实验，一些只有疯子才会这么做的研究，假如这疯子成功了，他会从疯子转变成天才！为了能使微生物的化学性质发生改变，他把它们放在很大的磁石中间。他设计出像钟表一样能使植物左右摇摆的机器，希望这些植物的分子变化能像镜像那样神秘。他希望自己能像上帝那样使物种发生变化。

他的一举一动牵挂着巴斯德夫人的心，令她夜不能寐，虽然她对他的行为感到好奇，但对他又充满信心。她给父亲的信里写道："您是否知道，假若巴斯德今年的实验能成功的话，我们家将会诞生出第二个伽利略或是牛顿！"我们无法得知这位称职太太为何给丈夫这么高的赞扬，也无法得知她是否出自真心……但不管怎样，真理——这让人捉摸不透的幽灵，又一次让她失望了，因为巴斯德的实验失败了。

此后，巴斯德当上了里尔学院的院长并兼职教授职务。当时他住在花街，就是在这个地方，他和微生物相遇了，或者说第一次遇到了微生物。就在这个既有甜菜种植，又有酿造业和商贩的热闹城市，他开始了他的重要研究，从而让微生物学风生水起。这项研究里不但包含了科学、传奇或戏剧，更包括了宗教和政治。他让这个并不大的中等城市（以往从未因学术而闻名），刮起了一场令人振奋人心的微生物风，而且一刮就是30年。巴斯德向世人验证了微生物的重要性，他的做法虽然招来许多敌对者，但同时招来无数的追随者。当报纸的头版头条出现他名字时，同时也引来了其他人的挑战，可是当他的研究让无数产妇起死回生时，人们对微生物又是持另一种态度。总之，他让这里的人们永远地记在了心里。

当他准备从斯特拉斯堡离开时，真理又跟他开了个玩笑，让他迷茫不已。之后他来到里尔，为人正派的他，因为偶然帮助了一个甜菜糖的蒸馏者而名声大振。

当巴斯德在里尔居住时，当地政府对他说："先进的科学固然很好，但是，先生，我们以及这座工商业城市所需要的是，你的科学能够服务我们的工商业。我们只想知道：你的科学能让我们赚更多的钱吗？如果能使我们的甜菜产更多

的糖,能让我们生产更多的美酒,我们绝对支持你的实验室,我们保证。"

巴斯德一字不落地听完了他们说的话,决心向他们展示自己的能耐。他绝不仅仅只是一个科学家。大家试想一下,如果当年商会请牛顿去看他的运动定律是否有益于他们的钢铁厂,那位腼腆的思想家一定会摇头拒绝的,他只会坐下来钻研基督圣经,并对书中的预言加以猜测。如果对象是法拉第,那他宁愿回头去做订书学徒,也不愿帮助他们。但巴斯德绝对不一样,他不会就此退缩。他生长在19世纪,明白科学是一种生产力。而且,市民对他关于科学的讲演也表示非常认同。

"如果你的家中有个年轻人,他用你给的马铃薯做出了糖,然后用糖酿成了酒精,又用酒精酿成醋或者乙醚,那么,此时你觉得这个年轻人就不会对马铃薯产生好奇之心吗?"这是某个夜晚,巴斯德对有钱的实业家说的一段话。因此有一天,一个名叫毕戈的酒精厂老板,满怀心事地走进了他的实验室。"教授,我们的酿制出了些差错。"他抱怨道,"每天,我都要损失好几千法郎。不知您是否能去我的工厂里看一下,助我一臂之力?"毕戈说道。

得知毕戈的儿子也是学理科专业的,巴斯德马上答应了他的请求。他来到厂里,看了一下无法酿出酒精的甜菜浆桶;将一些灰色的、黏黏的物品取了出来,把它们放到瓶子里,同时,他又从可以酿出酒精的泡沫桶里取出一些甜菜浆,装入另一个瓶中,他准备把这些带回实验室进行研究。巴斯德觉得自己不一定能帮得上忙,因为他不知道糖是发酵成酒精的。的确如此,当时,世上其他的化学家也对此毫不知晓。他回到实验室,挠了挠头,打算先对正常桶中的原料进行观察。他

巴斯德在查看发酵桶

取出一滴放在显微镜下，最开始，他抱着一种找到结晶的想法进行观察，之后他发现，这滴甜菜酱里充满着无数个细小的球，这比他见过的任何结晶都要小。而且，在这些呈淡黄色的小球里面，还有许多跳动着的微小颗粒。

"这是什么东西呢？"他自言自语道。之后，他突然明白过来，"哦，该死，按理说我应该知道这就是酵母菌。只要有发酵成酒精的糖在汁液里，那绝对就有酵母菌。"

他继续观察这些小球，他发现它们有的是一串串的，有的却是一团团的，之后他又惊讶地看到有的小球边上长着很奇怪的芽，形状类似种子上的小芽。

"毋庸置疑，卡涅尔·得·拉·图是正确的。这些酵母菌是有生命的。绝对是酵母菌把甜菜转换成了酒精！"他大喊道，"但这个结果并帮不上毕戈，到底是什么让桶里的原料出问题了呢？"他拿出装有从坏桶中取出的原料闻了闻，又拿出放大镜观察了一下，然后尝了尝味道，又把一张蓝色纸条放了进去，结果这张蓝色纸条变成了红色，接下来他取了一滴放在显微镜下观察……

"并没有酵母在里面，到底去哪儿了呢？这一团乱七八糟的东西到底是什么？还有没有其他东西？慢着，这是什么？"起先他拿起瓶子凝视着，却什么都没有看到，他魂不守舍地沉思着。后来，甜菜浆中一种形状异常的东西让他大为感兴趣。"瓶壁上有一些灰色的片状物……这些漂在上面的东西是……不要着急！不对劲，正常桶里的原料中不存在这种物质。这说明了什么呢？"他想了想，然后煞费苦心地从瓶中取出一小片，将它溶入到一滴清水中，放在显微镜下……

他此生最重要的时刻来临了。

这里面虽然没看见酵母菌的身影，但是他却发现了一些不一样的东西，是他以前从没见过的古怪玩意，这些物质

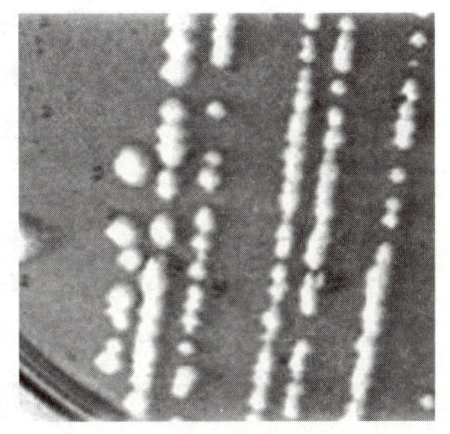

酵母菌

由许多缠绕在一起的细杆棒组成，也有一些是独立的，有的则排成一列，像船一样向前游动，并且时刻保持着一种怪异的抖动。它们的体积令人难以置信——它们远小于酵母——长度只有两万五千分之一英尺！

夜晚，他躺在床上翻来覆去睡不着，次日清晨，他迈开那短粗的双腿，急匆匆来到毕戈的家酒精厂。他趴在另一只坏桶边，目光透过歪戴着的眼镜，观察着这些原料。他盛出另一些样品，此时此刻，他早已忘了自己是在帮助毕戈，甚至忘记了毕戈这个人，完全沉浸在那些跳动着的奇怪杆棒之中。他发现每一片这种灰色物质中，都蕴含着数不清的杆棒……夜晚时，他孜孜不倦地忙碌着，巴斯德夫人等待他直到深夜，最终无奈地自己先睡了。实验仪器被他装好了，如此一来，整个实验室简直就是个炼金术师的洞窟。他观察到，那些从坏桶中取出的甜菜浆，全都富含酸牛奶的酸，但唯独没有酒精。突然，他想到了答案："坏桶中的甜菜浆富含活的杆棒，酸牛奶中的酸也来自它们，而杆菌又压过了酵母的性状，它们正是酸奶酸的酵素，就如同酒精的酵素是酵母一样！"为此，他欢呼雀跃，立马跑回家，把这一结果告诉了极有耐心的巴斯德夫人。其实，巴斯德夫人完全不知道什么是发酵，顶多只是一知半解，但为了配合丈夫的心情，她不得不表现出一副激动的样子……

虽然这仅仅只是巴斯德的揣测，但他感觉在自己的周围，似乎有东西在他耳边轻轻说：这一切都是真的。这种猜测的正确性，与鬼神无关。呈现在他近视眼中的世界，有太多稀奇古怪的事。对此，巴斯德做过无数猜测，其中多数都是错误的，不过，偶尔也会有猜对的时候，你知道他是怎样去试验、证明、探索、追寻、全身心投入进去，令它原形毕露。例如，他刚刚解开萦绕万年的发酵之谜就是这样。

为了证明这种猜想的正确性，他思考了一大堆复杂的问题。与此同时，他也考虑到了工商业人士的难处，也不会不考虑政府、农民和他学生的处境。他实验室的一间屋子，被他改成了肥料实验室，接着，他赶赴巴黎，希望能竞选成科学研究院院士，可是他却失败了。于是他带着学生们开始学习之旅，参观瓦朗西安的酿造厂，以及比利时的铸造厂。就在这样的忙碌中，他忽然想到一个可以验证那些杆菌是否拥有生命的方法,它们虽然渺小,却能完成巨人都无法完成的工作——将糖变成乳酸。

"我不能再从甜菜浆液中提取杆菌进行研究了,即便我认为它们是有生命的。"巴斯德想着,"我需要研发出一些清纯的汤水来,从而才能给它们提供养分,如此一来,我就有充足的时间观察它们了,研究它们是否具备繁殖功能,是否在同一个地方生产出千万个小生物。"他将那些灰色物质从桶中取出来,然后把它加入到纯净的糖水中。通过观察,他发现糖水不适合它们生长,他思考着:"需要有更富营养的食物才能促进它们生长。"屡次失败后,他特制出一种汤。他先是烧开一壶含有干酵母的清水,然后把水中的杂质全部过滤出来,接着放入一定量的糖,为避免汤水变酸,他又添加了一些碳酸钙。随后,他在未发酵好的甜菜浆中,用针尖挑出一粒灰点,非常小心地把它加入到新配制的清汤中,再把装汤的瓶子置于培养箱,最后便是等待了。

他一边等待着,一边签收字据,同时还要兼顾给学生上课,再到实验室查看培养箱中的宝贝瓶子,还要给农民教授有关庄稼和肥料的知识。他每天都寝食不安,除了查看试管,就是等待了。他躺在床上,仍然在思考着瓶子里究竟会发生什么变化。当你搞不清楚事情的进展情况时,你是难以入睡的……

翌日,工作内容和方式依然如故。当黄昏来临时,失败的预感让他感觉非常疲惫,居然迈不开步子,他对自己说:"虽然我现在还无法看清这些该死的清汤,但我一定要再看看。"

他从培养箱中取出装有营养液的瓶子,向孤单的煤气灯靠近,仪

18世纪的法国酿酒厂

器投射到实验室的墙壁上的影子又显得如此恐怖。"哦，天啊，这是真的，它正在发生变化。"他轻声说道，"瓶中的那些灰色颗粒正在发生变化，有一些冒出了小气泡，并且生长了更多新的灰点，而它们全部在冒泡泡！"此时，他听不见也看不到外界的一切，他痴迷地站在培养箱前，几个小时的时间在他看来不过是几秒而已。他小心翼翼地举起瓶子，在光亮下轻轻晃动着——几缕灰色的雾气从瓶底渐渐升起，然后变成了一个大气泡。现在，他完全明白是怎么回事了！

他从瓶中取出一滴汤水，滴在显微镜下，他从透镜中看到水滴里挤满了像跳舞一样抖动的众多小杆菌。"它们生出了新的杆菌！看来它们的确是有生命的！"他低声说，随后又大声喊道，"知道了，我马上上去！"这句话是回应巴斯德夫人的，她刚刚下楼叫他去吃晚餐，并叫他稍作休息。可是几小时过去了，他仍然没有上去。

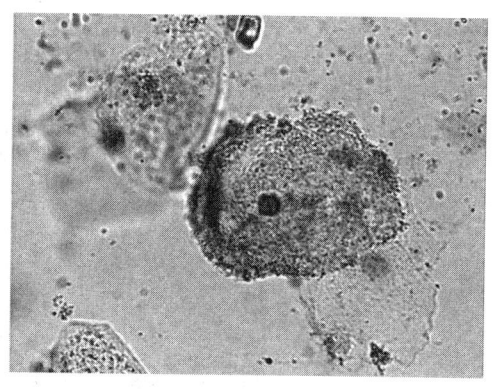

小杆菌

在这之后的几天，他便开始不断验证这个实验。他从充满杆菌的瓶中取出一滴汤夜，加入到新鲜洁净的酵母汤瓶中，这个瓶中原本一只杆菌都没有，但是每次试验之后，都会产生无数杆菌，同时也会产生很多酸奶酸。此时此刻，巴斯德再也无法抑制，他准备要向世人宣布结果了。他告诉毕戈，就是这些小杆菌影响了他的发酵："毕戈先生，只有别让你的发酵桶里出现这些杆菌，你就能酿出美酒了。"接着，他又对学生们宣告了这项重要发现：如此小的动物，却可以将糖变为酸牛奶的酸——而这种事情是我们人类无法做到,也从没做过的事。他给老教授杜马写了封信,把这个好消息告诉了他,也告诉他全部的朋友,并且在里尔科学协会公布了一些相关论文,又给巴黎科学研究院邮寄了一篇学术论文。毕戈先生能否杜绝他的发酵桶里不再产生杆菌,我们不得而知,因为那些桶子里的杆菌就如同花园中的野草一样,是无法根除的。但对巴斯德而言,这无关紧要,最重要的事实是:小生物才是发酵的主要原因,而且是肉眼无法看到的微生物。

巴斯德如同一个孩子一样,只要遇到不知晓的人,他就把自己这非同一般的发现告诉对方。在后来的岁月中,这小小的酵素充满了他的世界:他在吃饭的时候、睡觉的时候、做梦的时候、沉思的时候(他对什么事都漫不经心),丝毫不能放下这些酵素。而这就是他的生命。

他没有助手,经常一个人工作,甚至连帮他洗瓶子的杂工都没有。你不禁会问,那么,他为何有时间做那么多繁琐的令人发疯的事情呢?这主要有两个原因,一方面是由于他的精力旺盛;另一方面则是巴斯德夫人的功劳,鲁和贝林曾说道:"她爱巴斯特的程度,甚至连他的工作也可以原谅。"有时候,在她不是一个人的时候,在她把孩子们送上床后,这位坚强的夫人,正坐在桌前的直背椅上,对巴斯德口述的科学论文进行笔录。有时候,当巴斯德把精力放在楼下那些瓶瓶罐罐中时,她就帮他整理潦草的笔记本,重新抄写一次他的笔记。巴斯德便是她的生命。既然巴斯特醉心于工作,那么她的生命也沉浸在他的工作中……

巴斯德夫妇

不需要空气的微生物

在巴斯德夫妇刚刚安居于里尔的某一天,巴斯德对夫人说:"我们得前往巴黎,我得到了高级师范学校教导主任和理工科教授的职位,我不能错过这个好机会。"

于是,他们举家搬到了巴黎。可巴斯德发现,这儿根本没有合适的办公环境,只有几个不怎么干净的实验室,是给学生们做实验用的,而且根本没有专用的教师用地。更加不幸的是,负责教育的领导告诉他,学校也没打算拨资金去购买试管、烧瓶、养育箱、透镜等设备,要知道,这些可都是巴斯德的命根子啊。他并不甘心,把这座破旧脏乱的校舍翻了个底朝天,甚至踏遍了最难走的楼梯。最后,他看中了一间满是老鼠的屋子,就在一个阁楼上,决定将它作为实验室。他将老鼠都赶跑了,打扫干净了屋子,又筹集了一些资金,购买了透镜、试管和烧瓶等。酵母对整个世界生活的重要性,不需要多久,就会被知道啦!

以前他曾做过一个酸牛奶棒杆实验,结果令他深信不疑(至于原因,可能至今还无人知道),世间许多的生物,都在做着各种各样的事情,或者有利,或者不利。"我的透镜明明白白地告诉我,正常的甜菜罐子里产生的酵母,能够将糖分解成酒精——毫无疑问,将麦子酿成啤酒的就是酵母,将葡萄发酵成葡萄酒的也是它——虽然我还没能证明这个结论,但我确信这是真的。"他干劲十足地擦了擦眼镜上的水雾,激情澎湃地冲上阁楼。他告诉自己,一定得做实验,用事实证明自己的正确性——特别是要向全世界都证明自己的正确性。但是,真实的科学却总是爱与他作对。

德国化学家李比希

李比希是一位杰出的德国人,堪称化学

王子和化学教皇，他并不赞同巴斯德的看法，他声称："酵母在糖分解成酒精的过程中完全不起作用。"——李比希断言，要想将糖分解成酒精，一定得有蛋白质。因此，巴斯德默默发誓，一定要证明给李比希看。他想出一条绝妙的计策，一个非常简单而清楚的实验，能让那些反驳他的"大人物"心服口服，以往，他们对他视为珍宝的微生物工程嗤之以鼻，很是看不起。

"我必须在毫无蛋白质的汤中培养酵母。倘若在此种情况下，酵母依然能把糖分解为酒精——那么李比希等人的观点就彻底失败了。"他信心十足，将这件原本关乎科学的理性事件，逐步转变为了感情用事的私人事件。有非同寻常的观点固然是件好事，可找到毫无蛋白质的汤又是另一码事，况且酵母的气味既挑剔又令人作呕。他急得满屋子乱转，脾气也越发暴躁了。直到某天上午，一个偶然的事情突发给予了他灵感。

恰巧，他将一些铵盐加入到了培养实验酵母的蛋白汤中，"究竟发生了什么？"他思索着，"酵母开始长芽繁殖后，铵盐怎么就消失了呢？这是怎么回事？"他绞尽脑汁，最后得出一个答案："一定是这样！铵盐肯定被酵母吸收了！即使没有蛋白质，酵母也可以生长！"他使劲关上阁楼大门，不希望这个关键时刻被人给打扰了——他喜欢一个人战斗，就像他也非常喜欢向众人夸夸其谈，宣扬他非凡的发现一般。他拿出洁净的烧瓶，加入蒸馏水，再拿出适量的糖溶入水中，随后又放了些铵盐——酒石酸铵进去。接着，他又拿了一份新的酵母汤出来，从中提取了一些黄色的汤汁，加入他刚刚制作的无蛋白汤中，再将混合液放进培养箱里。真的能继续生长吗？

这天晚上，他翻来覆去睡不着觉，轻声向夫人述说着自己的殷切希望和隐隐担忧。可她也毫无办法，除了不停地开导和宽慰他。她全都明白，却不知道说什么能让他释怀，虽然她确实是他最完美的秘书……

第二天一起床，他就匆忙赶回实验室去了，连早餐都没顾上吃，甚至忘了自己是怎么走到这儿来的。他觉得自己好像一起床就直接站在了那些瓶瓶罐罐和培植箱前。他把瓶子打开，在透镜的玻璃试片间加入了一滴瓶中的混浊液体，仔细观察起来——这一次，他大获全胜。

"有了,"他大喊,"酵母在这里发芽、生长了,这是真的——的确,其中一部分就是我昨天放进去的那些酵母。"他想立刻跑出去告诉别人,可是马上就克制住了——不能这么鲁莽,得彻底弄清楚了再说——他在这最最关键的瓶子中盛出一些汤,加入一个细长的玻璃瓶中,再一次仔细确认,有没有酒精产生。"李比希弄错了!蛋白并不是不可或缺的,真正让糖份分解的是酵母,不是蛋白质。"他盯着酒精一直看,激动的泪水不停地流下来。在其后的一周中,他一次又一次地重复着这个实验。为了确认酵母可以一直保持活性,酒精可以持续不断地产生,他一次又一次地将它们从一个瓶子倒入另一个瓶子——替换的瓶子中都装着加了铵盐和糖份的汤汁,并且酵母一直都生长得很好,瓶子中也满是碳酸气泡,酒精也越来越多了!这种不断验证新发现的工作是枯燥乏味的,了无生趣,也没有了那种期盼成功而又担心失败的忐忑心情,更不会兴奋得睡不着觉。

这个新的发现已经逐渐老去,可是他仍然没有放弃。他像父亲一样耐心照顾着那些酵母,饲养它们,给予它们关爱,称赞它们将糖转化为酒精的神奇力量。为了照料它们,他不顾自己的身体,不顾法国中产阶级人民的风俗习惯,坚持守护着它们。晚上7点,这本应是所有法国人的晚饭时间,他却坐在透视镜前,凝视着它们,尝试能否观察到酵母的发酵过程。他记录下了这些内容:"从7点开始,我就目不转睛地盯着显微镜。到9点30分时,当看到它们发芽后,才能心满意足地离开。"从6月到9月,他做了大量的实验,只为测量酵母可以持续工作多久,以便能不间断地将糖转变为酒精。最终他成功了,他高声疾呼:"只要有充足的糖,这些酵母可以连续三个月发挥作用,或许还会更久。"

没多久,这个曾经的科学研究者,又华丽地变身成了一位见证奇迹的展示者,一位绝佳的演员,以及一位传播微生物的传道士。他得卖力解说,让全世界都知道这个惊人发现:几百万桶在法国酿造的葡萄酒、如海洋般众多的德国啤酒,都不是人为酿制的,而是出自这些是新生儿的一百亿分之一的微生物,不停不休工作的生物部队之手。

他做了一场精彩绝伦的演讲,将关于这一发现的理论表达得淋漓尽致,就像是朝着李比希脸上狠狠甩了一耳光——一场巨变正在巴黎塞纳河左岸的科学国度悄然上演。老教授杜马对他称赞有加，这位德高望重的老学究，曾经是青年巴斯德最崇拜的偶像。巴斯特坚信教授的话，更加相信自己的正确性了。他兴高采烈地给父亲写信，迫不及待地想告诉他自己的成就："对于经我证实后得出的重要研究成果，杜马先生给予了极高的赞誉……他还跟我说：'小伙子，就在前几天，研究院还决定，因为你杰出的发现，要给你颁奖；今晚，你是在座所有听众中最杰出的教授，我们为你送上由衷的赞颂。'我在信中引用的都是杜马教授的原话，没有更改一个字，之后我便听到了一阵雷鸣般的掌声。"

在这样的喝彩声中，难免会夹杂着些许唏嘘声。反对派们从周围站了起来。巴斯德之所以会有敌人，不仅仅是因为他的发现与旧理论和信仰背道而驰，还因为他行事急躁，总是容易滋生事端。他的所有著作和演说都显露出"我太聪明了，居然会有这样的发现，但是你们却跟笨蛋一样，而且不肯相信我的发现"的口吻。他非常喜欢拿笔杆子当枪使，他有一股神圣不可侵犯的气质，以跟所有人或所有事一较高下为乐。凡是对他的想法和观点存在异议的，不管是善意的还是恶意的，他都会大发雷霆。看看1860年时人们为他所作的画像，再看看他的论文，你便会觉得，他的眉宇间，甚至他超凡的论文用词或者分子公式里，都有着一种令人厌恶的骄傲与自负情绪。

很多人都反感他这种不把别人放在眼里的性格，但是一些刚正不阿的科学家却为此提供了理论依据：虽然他的实验十分优秀，十分惊人，却没有把问题论证透彻便草草收尾了。他的实验存在缺陷。当他胸有成竹地准备使用灰色酵母制作酸奶时，经常会有一股坏掉的牛油的怪味儿传出来，令人反胃。这样的情况下，瓶子里通常都没有酸奶酸，也没有小杆菌。这些不经意的失败，便给了敌人反对他的充足理由，巴斯德也因此而整夜失眠。但是这种情况不会持续很久！关于这个令人头疼的发酵失败的问题，他并没有当成个大事来看，这好像没有对他产生多大的影响，这一点也是他的长处。巴斯德处理事情非常灵活，他从来不跟问题硬碰硬，而是采取迂回战术，让问题变得有利于自己，这个特点使他名声大震。

这到底是为什么呢？这些牛油为什么会变坏变臭？保持新鲜的酸性物质，又去哪里了？

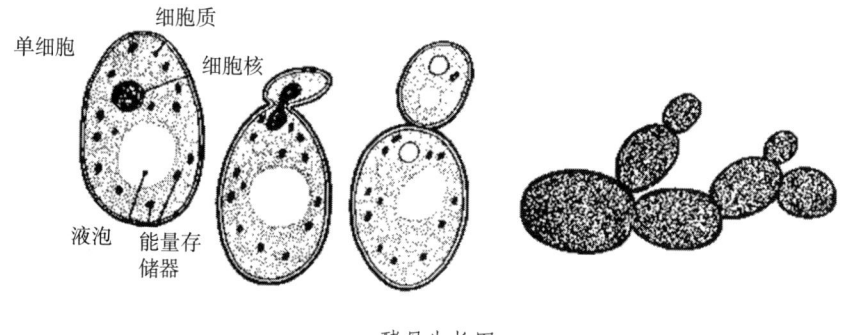

酵母生长图

一天清晨，他在一只有腐烂物质的瓶里又发现了一种新的微生物，原本它们应该是一群一群的，但现在只有一小部分有气无力地游离在杆棒中间。

"这是什么生物？它们的个头比杆菌大很多，它们不光会颤动，而且像鱼一样游动着，它们绝对是非常小的动物。"

巴斯德凝视着它们，内心非常忐忑不安。直觉告诉他，这种小动物不该出现在这里。它们像是列队运行的货船一样，在塞纳河两岸来回游走；又像是简陋的船只，沿着河岸盘旋航行。偶尔，它们会平稳地转动一下；有时在剧烈的转动后会处于平衡状态，有时又偏向一端跳动，像是一个跳舞的孤独者，看起来是那么有趣。然而它们在这里也没什么事儿啊！巴斯德竭尽全力将它们赶走，但现在看来，这方法的确很不专业。当他认为已经将所有它们待过的瓶子都清洗得干干净净的时候，冷不丁又发现了它们的踪影。后来，日积月累，他渐渐发现了一个规律：每当他的实验瓶子开始发臭的时候，这种小生物就大面积出现了。

因此，他基本上得出来一个结论：这种新发现的微生物也是一种酵素，就是这种酵素使得糖转化成了酸，从而导致臭味的产生。然而他并没有把他的发现做到很完美，原因是他不敢打包票说瓶子里只有这一种生物出现。当他对这件事感到不安时，又使用了迂回的办法，将问题变成了有利因素。一次，当他看到这种坏掉的牛油中的小生物在透镜下游动时,突然有了一个想法。"我看见新物体了,它们自由自在地游动着。"他非常小心地来回移动着生物样本,这符合他一贯的作风。突然,他叫了起来:"它们死在了空气的手中!"他认为,这真是一个重要的发现。他急于向科学院的专家炫耀这个成果,说他发现

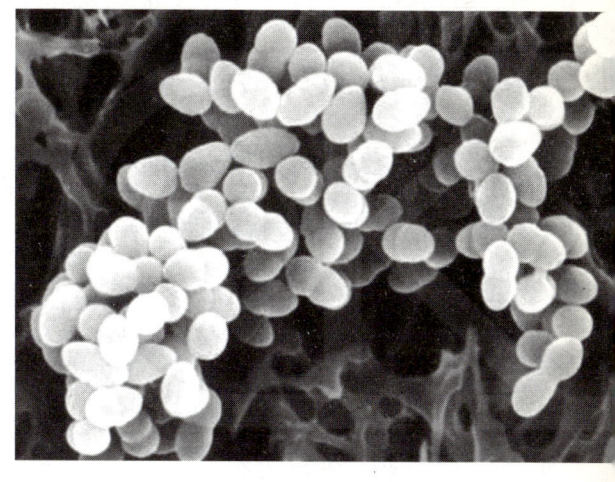

酵母素

了新的酵素,而且是一种会耍手段的酵素,因为它可以把糖变成发臭的酸油,并且在不需要任何空气的情况下也能自由嬉戏、生命和运作,以至于有时候空气可以将它们杀死!"它们呀,"他大声说着,"是第一种不需要空气就可以存活的小生物!"

令人惋惜的是,这早就不是第一例了,算是第三例还差不多。列文虎克在200年前就发现过类似的生物。斯帕拉捷在100年前就曾发现在没有空气的情况微生物就可以存活,而他同样也惊诧万分!

可以肯定,巴斯德并不知道前辈们的这些重大发现,我坚信他并没有要窃取前辈们成果的意思,但是在向越来越高的荣誉的山峰攀爬时,他的成就越来越多起来,他个人慢慢忘却了前辈的成就和身边所发生的事。他其实并不知道,这种使肉类腐烂的微生物,最早是他的前辈们发现的!

但是我们不能仅仅因为他忽视了前辈们的成就,就对他进行猛烈的攻击,因为我们不得不承认,他的确实个充满想象力和诗人情怀的伟人,积极向上,终生为了微生物而努力着。他的论文中有这样一段想象的描述:人就像肉一样会腐烂,而病菌就是产生它的酵素。他还提到过一个小插曲,在一堆臭肉中还要工作是件多么令人反胃的事情:做研究时,屋子里到处充斥着臭味,多么让人讨厌。他说:"我热爱微生物事业,也发誓要终生致力于此研究中,因此我不会太在意这项事业有多危险,抑或有多么让我感到恶心。"之后,他告诉科

研所，接下来他将要做的工作困难重重，但他绝不会临阵脱逃，他适时地引用了拉瓦锡的名言，来表达自己对微生物事业的决心："对社会有益，对人类有利，就使最令人恶心的工作变得高尚，而且也只有智慧的哲人，才能看见这勃发的热情，以及拥有克服困难的勇气。"

无可辨驳

如此一来，他富有危险性的实验被搭建起一个很好的平台，在刚开始实验的那几年中，他为这个公众的舞台搭建起完善的背景。由他筹谋的冒险行动将所有默默为科学奉献的人们感动了。在他们回家必经的一条古旧的拉丁区昏暗街道上，他们路过时会回想起巴斯德激动的话别场景，会看到他咬紧双唇，事实上他非常想将鼻子捂住，可是他毅然地克制住了，大步跨进恶臭熏天的瘟疫疾病中。此处，隐藏着危险的微生物，伺机置他于死地。因此，他证明了自己的用处远远大于列文虎克和斯帕拉捷，优秀的实验由他完成，之后凭借妙计令世界为之欢腾，就连沉稳的科学家也无法抑制激动的心情。一般的百姓清楚地目睹了酵母样子，生活中必备的酒正是出自它们之手，那些游离于空中肉眼无法看见的腐败微生物。夜晚，他们久久难以入睡。

经过三年时间，巴斯德才把各种奇奇怪怪的实验完成。他将牛奶或者尿液灌进烧瓶中，然后将瓶子放入烧开的水中，将瓶颈放在猛烈的火焰上使其熔合，随后贮藏几年。最终，巴斯德打开瓶子，证实瓶里的牛奶或者尿液没有丝毫损坏，瓶中在液体之上的那些空气仍旧包含着氧气，一点也没有减少；微生物不存在，牛奶也毫无损坏。其后，他并不将瓶子中的牛奶和尿液加热至沸腾，静待那些细菌的繁殖。实验瓶中的氧气在检验时发现已经完全用光了，微生物将氧气全部用来帮助它们分解生长必须的物质。之后，巴斯德如大鹏鸟一般，挥舞着想象的翅膀飞上了可怕的高度，他大胆推测，假如在一个奇异的毫无微生物的世界中，这里充满了氧气，可惜的是在消除掉已死的植物和动物的过程中，这些氧气毫无用武之地，因为进行氧化时必须的微生物不存在了。到处是那些听着就令人噩梦连连的梦境中尸体成堆地充斥着杳无人迹的街道，如果失去了微生物，生命也就不复存在。

目前，一个难题摆在了巴斯德面前，不管早晚，这个难题总是会出现的，不可能避开。这并不是一个新问题。在离奇的伊甸园中，各种各样的生物到底来自哪里？亚当肯定询问过上帝这个问题。千万年来，这个问题令所有思想家不停息地争辩，在100年前，这个趣味性十足的问题令斯帕拉捷兴奋不已。这个问题非常简单，但是无法解决：微生物来自什么地方？

巴斯德的反对派质问："酵母如何做到出现在地球的各个地方，出现在每个时间阶段中，而无法得知从哪里开始出现，将葡萄酿成酒？这些从四面八方，让每个地方的所有罐子中的牛奶转为酸，使所有瓶中的牛油腐坏的微小生物源自哪里？"

巴斯德和斯帕拉捷的观点一样，质疑微生物生长于牛奶或牛油这些没有生命的东西里。微生物的母体必然存在。大家都知道，他是一个忠诚的天主教徒。是的，巴黎塞纳河左岸是个理性的持怀疑态度之人的聚集区，巴斯德就生活在这里。上帝在这没人相信，如同倘若苏维埃出现在作为金融中心的华尔街一样，但是对于同行们的怀疑，巴斯德丝毫不动摇。持怀疑态度的人们开始流行起信仰进化论。无比宏达的进化论篇章，阐释了生命起始于没有固定形态的素材。100万年前，生命活跃在有蒸汽的软泥中，通过一系列巨大的生物部队，直到演变成猿类，最后终获成功，演变为人类。新的哲学家气势不凡地用科学的口吻说：这个队伍根本无需上帝的组织或者指引，它的诞生过程正是这样。

但是巴斯德回应道："我的哲学来自感情，并非理智。举个例子，对于恒久的感情我乐于屈服，当看着我亲爱的孩子死于床边时，这种感情自然地萌生出来。在这紧要关头，在内心深处的一些东西正向我们诉说：在这个世界上，如机械一样的平衡或许不单单是依靠力量的渐渐行动，而由纷乱的因素中获取，再由此产生事件之间的融合。"从头到尾，他都是忠诚的天主教徒。

之后，巴斯德将哲学搁在一边，投身到工作中。他坚信酵母、杆菌和小动

物均源于空气，他假想了一种充满了肉眼无法看到的微生物的空气。曾经，细菌存在于空气中已由另外的微生物猎人提出，然而这个事实在巴斯德精工细作的机械中又一次得到证实。他将火棉放到小玻璃管内，一端装上唧筒，一端暴露于窗外，吸入园中的空气，一半通过火棉，之后非常正式地准备为火棉中存在的生物总量计数。一个笨拙的机器被他制作出来，将所有火棉（其中富含微生物）放在酵母汤里，看看这些微生物会不会生长。他将斯帕拉捷的实验重做了一遍；他将酵母汤倒进圆瓶中，之后用冒着呼呼火焰的焊接灯焰将瓶颈熔合，其后将汤沸煮几分钟，然后发现瓶中的微生物并未生长。

"然而当酵母汤被煮开时，也加热了瓶中的空气，自然的空气才是酵母汤中微生物生长所必须的，你不能将酵母汤和自然的没有加热过的空气融合而不产生酵母、霉菌、杆菌或者小动物！"自然产生的信仰者、进化论者、持怀疑态度的植物学家反对之声四起，一切无神论者坐在他们书房的安乐椅上大吵大闹，他们嚷嚷着，可偏偏却不动手去做实验。

巴斯德顿思绪混乱，费尽心思将没有加热过的空气加进煮过的酵母汤里，而且要让它不存在大批活蹦乱跳的肉眼无法看到的生物。所以，他忙成一团；他的思绪开始混乱，面对那些正准备成帮结派的来视察他展现奇迹的王子、教授和时事评论家，他向来不会承认自己输了。他的实验室已经由政府批准迁离那个被老鼠当做窝的阁楼，新移到了高等师范学校大门旁边的一个小建筑物里，这里有四五间8平方米的房间。在现在的大研究机构眼中，这里就算用来养豚鼠都不配，但是正是在这里，他开始了自己有名的冒险旅程，证明在无母体的情况下微生物也可以出现的这个观点是多么的荒谬。这样的冒险旅程，有好的实验，但也有非常不雅观的混乱场面，在一些吵吵闹闹的野蛮时刻，会出现借由武力来决一胜负的混乱场面。巴斯德忙里忙外，使用的仪器也愈发复杂，他的实验愈加容易被人指责，愈加不清楚。起初，他惯于利用简单的实验达到强有力的信服作用，可是现在却是胡言乱语，冗长不堪。他完全迷茫了。

之后某一天，老教授巴拉光顾了巴斯德的实验室。巴拉原来是个药剂师，既聪明又严谨，并且富有创造性，因发现了溴元素而让科学家为之赞叹，因为

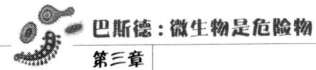

他发现这个元素并非身处设备齐全的实验室，而是在一个药房后堂的药房柜台内。他因此而成名，到巴黎做了化学教授。巴拉没什么野心，他并未奢望世上所有的新发现都是出于自己手中，他认为有生之年能够发现溴元素已经足够，可是他喜欢四处走走，看看别人的实验室在干什么。

"你说你黔驴技穷了，朋友？你说你没有办法将煮过的酵母汤与空气融合，并且使酵母汤中不含有生物？"巴拉这样漫不经心地问毫无办法的巴斯德，"你很清楚，我和你都坚信，酵母汤里会自动出现类似微生物的东西是不可能发生的，我们都觉得这些微生物是借由空气的灰尘落进去亦或是爬进去了，对吧？"

"是这样的，"巴斯德回应道，"但是——"

"你先等等！"巴拉说，"为什么你不试一下把酵母汤倒入瓶中，然后煮沸，之后把瓶子的口部固定成空气可以随意进入但灰尘却不会掉进去的那样呢？"

"那怎么才能做到这一点呢？"巴斯德说。

"这个简单，"现在被人所忽视的巴拉答道，"你取出烧瓶，将酵母汤倒进去，之后用焊接灯烤瓶颈使其变软，将瓶颈拉伸，向下变为一根细管，再把细管拉伸成像天鹅在水中吃东西时弯着脖子的模样，之后就开着管口。就像这样。"说完，巴拉将示意图画了出来。

巴斯德看着示意图，突然茅塞顿开，感觉到这个小实验不可思议的妙处。"对，微生物无法掉进瓶中，因为它们依附于尘埃，无法向上落——太妙了！现在我终于知道了！"

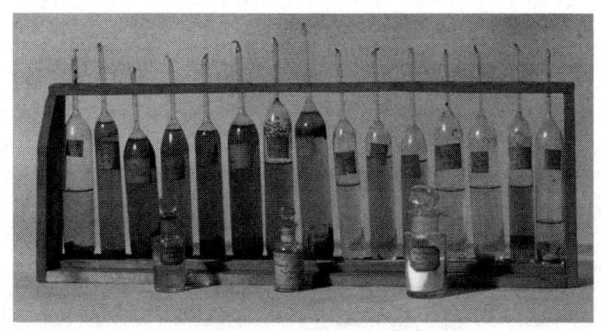

各种做实验用的瓶子

"就是这样。"巴拉微笑着说,"赶紧试一下,看有没有效果。再见!"巴拉离开了,继续他那友善的实验室之旅去了。

现在,巴斯德已经有了帮手来洗瓶子,他让助手们赶紧将瓶子准备好。不一会儿,实验室中焊接灯呼呼的喷火声又再次响起,振聋发聩。他像疯子般地工作。他把酵母汤倒入瓶子,之后将瓶颈熔化,拉伸,向下弯成天鹅颈部的样子,或猪尾巴的样子,还有六七种的奇形怪状。然后将瓶中酵母汤烧开,把瓶里的空气全部赶出去。然而一旦瓶子冷却,新的空气就会进来,是未经加热的空气,新鲜的空气。

瓶子已经准备妥当,巴斯德每次只拿一个,在楼梯下面一个很低的小房间,他爬进去将瓶子放进培养箱,进去,出来,表情严肃,然而看起来有些搞笑。第二天早上,他最先到达实验室。如果你在那里,你会看到,他手上有一本破烂的笔记本,眨眼之间,他的身影就在楼梯下消失了。如同兔子对猎狗的诱惑力,巴斯德被吸引到放着天鹅颈部模样瓶子的培养箱旁。亲人、感情、早餐、无聊世界中的全部事物,早已在他心里不复存在。

如果半个小时后你依然在那,你可以看见巴斯德从小矮屋里爬上来,眼镜蒙着一层蒸汽,可在那之后的双眼却神采绽放。高兴,他有权拥有。那些盛着煮沸后的酵母汤的天鹅颈模样的瓶子完全洁净,毫无生物存在。第二天是这样,往后的日子依然是这样。眼下,巴拉的设计显然已经有了成效。没有母体便能产生微生物的观点绝对是荒谬的。

"我的这个实验非常完美,它证明了你可以将煮沸的汤随意同普通空气融合,也不会生长出任何东西,只要是经由细小弯曲的管子进入的空气。"当巴拉再次到来时,听着巴斯德不停地叙述关于这个实验的情况时,他笑着说:"我觉得一定会成功。你知道,瓶子凉下来以后进入的空气,会伴随着尘埃以及其细菌,经由细小的瓶颈进入,但是它们被粘在潮湿的瓶颈壁上。"

"的确如此,然而我们怎样证实呢?"巴斯德又毫无头绪了。

"只需取一只这段时间一直放在培养箱中的瓶子,未产生生物的瓶子,将其摇晃,让瓶颈弯曲的地方溅到汤,然后将瓶子再放到培养箱,等到第二天一早,

瓶中的汤中便会存在许多小动物了，变得浑浊。这些小动物便是原先被粘到瓶颈上的那一批生物的后代。"

巴斯德按照巴拉的话去做了，结果的确如此。过了不久，巴黎召开了一次大会，众多的学者、才子、艺术家争抢着想要在其中占据自己的位置。巴斯德非常高兴地给大家讲述他的弯颈瓶实验。"这个简单实验对于自然发生学说完全是当头棒喝，此后那个学说再也不可能站起来了。"他大声地喊着。如果那时巴拉也在那里，你肯定能够看到他和其他人一样热烈地给予掌声。巴拉着实是一位罕见的人物。

之后巴斯德进行了一项创造性实验。的确如此，当我们研究过实验的各种记录后，我们必须承认那是他独创的。这次实验的规模极大，形式为半公开式，是于火车上穿越法国的实验，是滑行于冰川之上的实验。他的实验室又像战场一样，堆得很高的瓶子，跑进跑出的助手，丁零当啷的玻璃器皿，煮沸冒着泡的酵母汤锅。巴斯德带领他那群激昂奴隶们（其实更像是如疯子一般的修道士）将几百只圆肚子瓶准备得当。所有瓶子中都被灌进酵母汤，但不将其灌满，随后，几个小时却仿佛弹指之间，由于他们激动得只觉时间飞逝，这几个小时中他们把瓶子都先后放在沸腾的水中煮几分钟。当汤被煮沸后，他们用喷发出的蓝色火焰把瓶颈烧软拉伸，一直到它熔合。这堆瓶子当中，每个都装有经过煮沸的酵母汤，但是它们每个都是真空的。

这样的瓶子巴斯德随行携带几十个，手忙脚乱的，就这样开始了征途。首先他到达了巴黎天文台阴暗潮湿的地下室，这个有名的天文台曾是伟大的莱·维·里尔的工作室，他因预言宇宙中有海王星而立功。巴斯德对其助手说："这儿的空气这样的平静安宁，所以应该不会有灰尘，几乎不存在微生物。"接着，他们手拿瓶子，尽量同身体拉开距离，用已经由火焰烧红的钳子，一个个地将10个瓶颈剪断，在瓶颈被剪断的同时，都会听到空气钻进瓶子而发出的咝咝声。即刻，他们用一盏燃烧着的酒精灯跳动的火焰将瓶口再次熔合。在天文台的院中，他们再拿出10个瓶子做了一样的实验，之后赶忙回到小实验室中，爬进楼梯下，在培养箱中放入这些瓶子。

过了几天，能见到到蹲在培养箱前面的巴斯德，亲切地将那几排瓶子摆放整齐，伴随着他少见的大笑。唯有他确信自己是正确的时候才会大笑，为胜利而笑。他将一些内容潦草地记在笔记本中，随后从"鸽子"洞里爬了出来，告知他的助手："于天文台地下室打开的10个瓶子中，9个都是彻底纯净的，毫无细菌存在。而在院子里打开的瓶子则彻底浑浊了，微生物大批量出现。是空气把生物吸到瓶中的酵母汤里了，随着空气里的灰尘一起进去了。"

现在正是暑假，别的教授都在休假，巴斯德却带上剩下的瓶子去赶火车，前往他的故乡——汝拉山区，爬上浦佩山，在这里把20个瓶子全部打开。他前往瑞士，不顾危险攀上勃朗峰的山坡，将20个瓶子打开，使空气嗞嗞地钻进去。正如他期盼的那样，他所在的地方越高，因微生物而变混浊的酵母汤瓶就越少。他大声地说："就应该这样，海拔越高的地方空气就越纯净，灰尘也相对少，那么尘埃附着的微生物就越少。"他满心欢喜地回到巴黎，携带着自己令人震惊的证据去告知研究院，此刻已毋庸置疑，只有空气的情况下是完全不可能在酵母汤中产生生物的。"此处存在细菌，可在它们旁边是不存在的，而旁边则还有另外的种类……但是到了空气彻底平静的地方却丝毫不存在。"他喊道。紧接着，为了自己有可能实现的宏伟成果，他又筹划了新的舞台："我极其盼望能坐着气球升上去，在更高的地方将瓶子打开！"但是他最终也未能坐上气球升上天去，现在这些就已经令聆听者震惊不已了。他被这些聆听者当作是跃居科学家之上的人物，而他们之上，他是创造了英雄探索之路的人，在微生物猎人中堪称尤利塞斯，是在本故事当中，你即将接触的英雄时代中的首位冒险家。

巴斯德之所以能在跟众人的争论中取胜，大部分是凭借优秀的让人臣服的实验，但有的时候他的胜利也是取决于对手的懦弱、愚笨，也有一些是出于侥幸。在召开的化学家协会上，他看不起博物学家研究科学的能力，他大声地喊道，令他感到震惊的是，博物学家并未真正踏入科学的轨道，因为他们根本不做实验。他说，"我坚信，新鲜的血液会经由实验灌输到他们的科学当中。"你可以想得出，对于这样的观点，博物学家会多么反感，特别是鲁昂博物馆的主任浦舍先生，更加反感，同样的还有图卢兹学院的知名博物学家乔利教授和马塞特先生。不管怎么样，巴斯德的这些对手都无法赞同微生物在无母体的情况下不可能产生。他们笃信的是：生命的产生是自然而然的；他们决定用巴斯特的矛攻破其盾，也就是以彼之道还施彼身。

他们按照巴斯德的办法，把汤倒进几个瓶子里，可是他们不同于巴斯德的是，使用干草浸液取代了酵母汤，他们制造出真空的瓶子，奔赴比利牛斯山脉中的玛拉得塔高山，持续不断地向上爬，直到海拔高于巴斯德在勃朗峰还要高出许多英尺的地方。他们在这里被大风袭击，那风从冰川洞穴中狂乱地刮出，吹进那厚厚的外套里，他们将瓶子打开。此时乔利先生险些掉下山，幸好他的外衣下摆被一位向导拉住，这才没有为科学殉职。他们呼吸困难，忍受刺骨的寒冷，跟跟跄跄地回到了一家小客栈，将瓶子搁置在暂时准备的培养箱中，即便短短几天中，他们非常高兴，因为他们看到了瓶子里出现了大量的小动物。巴斯德是错误的！

现在，战斗仍在进行。浦舍、乔利、马塞特的实验遭受到了巴斯德的公然耻笑，他批判并斥责他们，认为他们的这种行为是避实就虚。而浦舍则反击道："以自己的瓶子当作是给科学的最后通牒，令世界震惊。"巴斯德非常生气，严厉批判浦舍是说假话的人，要求他在公众面前表示歉意。唉，如此的情况仿佛真理只能通过流血斗争来分胜负，而并非以理智的实验来分胜负。在这之后，浦舍、乔利、马塞特下战书，要和巴斯德在科学研究院展开公开实验来决定胜负，还说，如果在实验中，只要有一个瓶子在打开后没有马上滋生出微生物，那么他们甘愿认错。关乎成败的那一天终于到来了，可是就在这最后时刻，巴斯德的敌人却怯退了。在研究院委员会里，巴斯德胸有成竹地进行实验，而且慷慨陈词。没过多久，委员会公布结果："巴斯德先生在实验中发现的，也就是浦舍、乔利、马塞特三位先生不赞同的事实，是最为完整且最为准确的。"

对于巴斯德来说，这是一件幸运的事情。可是对真理而言,这是不幸的,恰巧,事实上双方都是对的。浦舍和他的朋友们使用了干草浸液，而不是酵母汤，过了很多年，干草中含有的微生物的微小却韧性十足的孢子被伟大的英国人廷德

廷德尔

尔发现。这种孢子可以承受几个小时的煮沸!最后,廷德尔将这次伟大的争论真正地平息了;证实巴斯德实验正确性的,同样也有廷德尔。

葡萄酒变质问题

巴斯德获得了拿破仑三世的召见。他告诉这个精神恍惚的皇帝,他此行的目的,就是要找到自己认为是病毒根源的微生物。因此,他让人从巴黎送来了一车仪器,将在皇宫做客的7天时间全用在研究上。有一次,巴斯德应邀出席了一个皇家宴会,地点在贡比涅。客人们都按照指令准备去打猎,可巴斯德却提出申请不去参加;因此,国王和王妃对他印象很深,当别人都沉浸于浮华欢快的游乐中时,他却把心思用在了观察透镜上。

他一定要全世界都明白,微生物并不是只有母体!在巴黎大学召开的科学会议上,巴斯德发表了一次通俗演说。参加此次晚会的有上百位著名的人物,

巴斯德和家人

如小说家大仲马、女天才乔治·桑德、马蒂尔德公爵夫人……当天会议上，巴斯德当着众人的面给大家表演了一场科学杂技，这个杂技让所有的观众回到家以后都惶惶不安。他先用幻灯片给大家播放出了一二十种微生物，然后，又神神秘秘地让讲堂黑暗，在黑暗中突然照耀出一束刺眼的光束。这时，他大声地对人们说："请注视这光线中正在跳动的数以万计的灰尘，这些灰尘充斥着整个讲堂，你们可不应该忽视这些看似不起眼的东西，因为它们有时候会引起对我们的生命产生危害的疾病，如风寒麻疹、霍乱，乃至黄热病，等等！"这个传到大家耳朵的消息是多么的可怕，听众们都毛骨悚然，因为巴斯德的真诚让大家对他产生了极度信任。当然，这个关于微生物消息的准确度尚待考证，但巴斯德并不像那些哗众取宠的江湖中人，他很坚信自己的理论。他把尘埃以及里面的微生物当成自己的生命，脑子里想的全部都是尘埃。就算是在极其讲究的大户人家吃晚饭的时候，他也会把碟子、汤匙仔细观察一番，还要用餐巾擦拭一遍，他对微生物似乎有些过于紧张了。

这样，上至皇帝下至黎民，几乎所有法国人都被巴斯德和他的微生物论弄得激动万分。而私底下对神秘怪事的讨论，也不知不觉中传到了巴斯德所在的高等师范学校以外。所有的学生和教授在路过他的实验室时都会感到敬佩，甚至微微发抖。你可以听到从乌姆路上的高等师范学校的灰色高墙边走过的学生在议论说："有一个叫巴斯德人在这里工作，他在发现有关生命结构的事情，他还知道生命的本源,甚至还能找出疾病的原因……"

就这样,因为巴斯德,科学研究课程把目标时间增加了一年,还成立了新的实验室;学生听了他激情洋溢的演讲以后,发自内心地感动。他针对引起疾病的微生物侃侃而谈,可事实上他还并不明确它们是否可以引起疾病呢(他还没有接触到神秘的瘟疫和死亡的关键);但是他有别的方法来吸引公众的眼球,甚至可以使一贯冷静的法国人都激动起来。

巴斯德在一本小册子中充满激情地对法国人说:"我诚恳地求求你们,多多注意那些意义深远被称为实验室的神圣地带。要求多建造一些实验室,并充实它们的器材。它们象征着未来,那里是富裕安乐的神庙。"这个预言家的眼光总是那么长远,在长达50年的时间里,他和同胞们畅想了美好的未来,扭转了当下浮躁而追求物质的学者们,让他们开始追求起超越物质的幸福感来……

现在,巴斯德又一次开始准备面向全国,发表科学如何能为国家的工业节省钱财的演说。为此,他准备了几箱玻璃用具,并带上一个工作勤奋的助手杜克劳,返回自己的故里阿尔布瓦,这一行的主要目的是通过研究葡萄酒的变质问题,让濒临破产的酿酒业重燃希望。他把实验室建立在原本是一家旧咖啡店的地方,由于没有煤油灯,他们对唯一的一只木炭火盆便感到很满意了。那个热心肠的杜克劳用一个吹风机让这个木炭火盆保持燃烧;杜克劳平时用的水也是要经常去镇上打来;乡下的木匠和白铁匠为他们打造简单的仪器。巴斯德带几瓶酒去拜访多年以前的老朋友,但是这些酒有的苦,有的黏,还有的就像油一样;以前的研究告诉他,让葡萄汁变成酒珠的就是酵母。所以,他很肯定一点,导致葡萄酒变质的,一定是某种其他的微生物。

事实确实如此!在透视镜下观察,他发现了浓稠的葡萄酒里面有一种很小很奇特的微生物,它们相互连在一起,像一串首饰;他发现那种味道很苦的酒里面和变质的酒里面所包含的微生物是不同的。因此巴斯德叫来了所有本区酿造葡萄酒的人和商人,请他们看一场魔术表演。

他要求他们来的时候带上六七瓶存在不同问题的酒,然后对这些人说:"你们不用把它们的问题所在告诉我,我也不用品尝味道,就可以告诉你们问题的

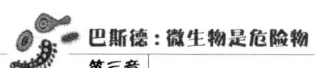

根源是什么。"有人摇摇头冷笑；有人对着旧咖啡店里的怪异仪器发笑；有人认为巴斯德是个彻彻底底的疯子。他们故意作弄他，把很多没有问题的酒掺在坏的酒里面。而此时的巴斯德却开始做起叫这些人惊讶的举动！只见他拿着一支细玻璃管，从一个瓶子里取出来一滴酒，然后放在显微镜的两块玻璃之间。酿酒人趁着巴斯德去俯视显微镜的时候，互相碰碰对方的胳膊，幽默地逗逗对方，时间就这样一点一滴地过去了，他们愈发感觉到很滑稽……

这时，巴斯德突然对他们说："把这瓶酒拿给尝酒师傅尝尝，我确定这瓶酒没有问题，让他帮我看看。"

品酒的师傅尝过之后，用他紧皱的红鼻子表示，巴斯德是正确的。就这样又连续试了好几瓶，每当巴斯德从显微镜那里抬起头来的时候，他就会说："苦酒，这个肯定是苦酒。"并得到品酒师相同的答案；而他要是说第二瓶样酒是黏稠的，品酒师傅就会肯定那是黏稠的。

酿酒人离开的时候，把帽子推了一下，并对巴斯德轻轻地说了句谢谢。此番应巴斯德之邀前来的人都说："我们不知道他具体是怎么做的，但是他的确是一个头脑灵敏的人，他的聪明无人能及。"能得到法国人如此承认，并不是一件容易的事……

这些人一走，巴斯德和他的助手就开始在实验室里畅想起色彩斑斓的美梦，没有止境地去发现问题，做顽强的微生物狩猎者……当然，不仅限于想象，他还在以后的演讲中将这些想法宣扬了出来。总之，巴斯德成了细菌学说的先导，而与其他先导不同的是，他有提前预告，并亲自看着这些想法一一被实现。

在接下来的一段时间里，因为没有什么需要去挽救的，巴斯德就安静地待在巴黎实验室里工作。直到1865年的一天，他得到了幸运女神的眷顾。此时的幸运，说的就是他的老师杜马教授。杜马教授来访问他，请他从科学家转型给蚕做医生。巴斯德当时就提出了异议："蚕有哪里不对？我不清楚蚕还会生病，我对它们丝毫不了解，甚至连蚕长什么样都不知道！"巴斯德发表了不同的观点。

蚕瘟

"我的故乡就在南方,那里盛产蚕丝,"杜马说道。"我刚从那里回来,实在是人间炼狱啊。现在我一想起故乡,我就难以安眠。要知道,那本是一个富饶之地,那儿生长着很多桑树,我们本地人称之为黄金树,可如今,那里却一派荒凉。那些原来承载着快乐的桑树梯田,现在几乎变成了废墟,而我的父老乡亲们,正在遭受饥饿的折磨……"说到这里,杜马潸然泪下。

得病的蚕

巴斯德非常自私,他爱自己胜过爱任何人,他只顾及自己,可是他对杜马却丝毫不敢怠慢。他不得不帮助这位伤心的老教授!可要怎么帮呢?当时的巴斯德或许连蚕和蚯蚓都分不清。实际上确实是这样,因为不久之后,有人送来一个茧做检验,而他却把它放在耳朵边摇了摇,奇怪地喊道:"咦,这里面像似有东西!"说实话,巴斯德真不想到南方查验蚕的病因,他心里很清楚,如果去的话,要冒着失败的风险,而他最害怕失败。但他仍然不乏可爱的一面,虽然他非常自负,却仍然不失学生对老师的热爱和敬仰。于是,他对杜马说:"好吧,我服从您的安排,我一定去!"

就这样,他启程了,随行的还有毫无怨言的巴斯德夫人、孩子、显微镜,以及三个精力旺盛且尊师重道的助手。他们来到了法国南方的瘟疫中,这场瘟疫扼杀了无数的蚕,让法国南方的经济面临着毁灭的危险。巴斯德对蚕及其疾病知之甚少,一直到他来到阿雷,这方面的知识量甚至还不及当地孩童的。到了那以后,他才知道蚕是围绕自己吐丝作茧的,当做好茧之后,蚕就会在茧中变成蚕蛹；接着了解到，蚕蛹会变成蛾子，蛾子破茧而出，然后产卵，到了第二年的春天，蚕宝宝就会从卵中诞生出来。尽管巴斯德对蚕的一窍不通令养蚕人心存芥蒂，但他们还是告诉他，蚕宝宝生的病叫微粒子病，之所以这么叫，是因为病蚕身上布满了如胡椒粒般的黑色小点。虽然巴斯德对病蚕的病因有百般猜测，但蚕病的病因只有一个，那就是病蚕表体上的黑色小点，用显微镜观察这些小点，他发现了很多奇特的小球。

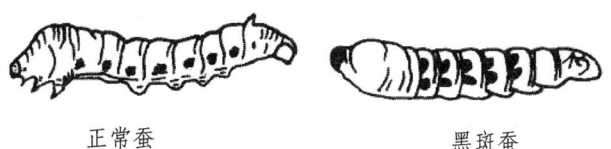

正常蚕　　　　　　　黑斑蚕

巴斯德来到阿雷后，首要之事并不是安顿家眷，而是取出显微镜摆弄起来，就如同一个对鳟鱼极有兴趣的垂钓者，还未把船系稳，就把鱼钩抛了出去，而巴斯德则是拿出显微镜，去观察病蚕体内的那些小球。结论很快就出来了，这些小球正是让蚕宝宝生病的罪魁祸首。他来到阿雷的时间只有半个月，就开始召集农业协会的成员们，他对他们说："病因已经查出来了，而现在你们只需要在蛾的繁殖期，对蛾子实行一夫一妻制，等到母蛾产卵后，就要把它们钉在小木板上，然后划开它们的肚子，取一些皮下脂肪放到显微镜下，然后观察这里面是否有些球状物。若上帝保佑，你没有发现这玩意，那你的蚕卵就是健康的，它们可以用来在春季培育新蚕。"

农业协会的成员们看了看他的显微镜，不满地说道："我们只是农民，不会操作你这机器。"由于无法理解这个机器的原理，因此农民们不信任这时髦的器械。此时此刻的巴斯德就如同一个推销员一般，他回答道："这绝不可能！在我的实验室，哪怕是一个8岁的女孩，都能对显微镜运用自如，都能找到这些小球这些微粒，更何况你们这些成年人？"他这样一说，让大家都很难堪。毫无办法的农协会不得不采购了一批显微镜，并在巴斯德的指导下，学会了显微镜的操作方法。此后，巴斯德的生活进入了忙碌状态。他在这个凄惨的蚕丝之乡来回奔波、演讲、发问、指导农民使用显微镜，然后还得赶回实验室指导助手完成繁杂的实验。他为何不亲自做实验？他一点时间都没有，甚至连片刻的时间都没有。一直到夜幕降临，他还得向妻子口述一些信件、论文和演说稿。翌日早晨，他还要赶到相邻的市镇去，给那些丧失信心的农民鼓鼓劲，激励他们……

可是到了次年开春，他的好日子到头了。当时正是蚕上山作茧的时节，可瘟疫也随之而来。他信心十足的预言并没有兑现。农民是非常呆板的，他们按照巴斯德说的那样，用显微镜找出健康的蛾，从而得到健康的卵。可是这些健康的卵孵出来的蚕，实在令人伤心，不仅长相不好，而且还不愿意进食，也不蜕皮，最后干瘪而死。

巴斯德实在疏忽大意！为了挽救崩溃的丝绸业，他太操之过急了，都不去调查一下蚕生病的根本原因。救世主的光环实在太过耀眼，让他忘乎所以，真理可不是那么就容易得到的，只有默默地去做实验，才能抓住它……

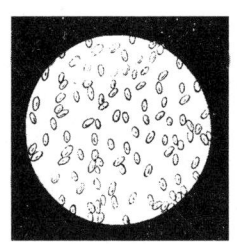
图1 蚕卵

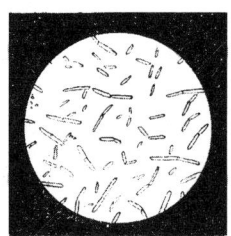
图2 1龄蚕（1眠）

图3 5龄蚕

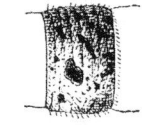
图4 身上有黑斑块的病蚕

图5 熟蚕

图6 茧中的蛹

蚕　瘟

蚕农们对巴斯德非常失望，他们中的有些人望着他嗤之以鼻，有些则对他破口大骂。此时的巴斯德感觉度日如年。他为了蚕农的利益，不辞辛劳地卖力工作，但他不知道为何会出现这种局面。他在桑枝上发现了一些蚕，它们的茧做得非常好，于是他便把这些畜生放在显微镜下，通过观察，他发现它们体内还是遍布小球。还有另一些蚕，它们无精打采地挂在桑枝上，它们得了泻病，最后全都慢慢死去，但是在它们的体内，却没有发现小球。他顿时迷惑了，他开始觉得这些小球与蚕病似乎并无关系。不幸的事接踵而至，实验室的蚕窝进了老鼠，把蚕全都吃掉了，倒霉的杜克劳、梅洛特、杰内斯不得不轮流值班，去捕捉那些可恶的老鼠。次日清早，当人们开始工作的时候，西方的天空乌云密布，大家都跑去遮掩好桑树，巴斯德夫人和孩子也紧随其后。到了晚上，巴斯德拖着酸痛的脊背坐在安乐椅上，向巴斯德夫人口述，如何回复养蚕人的来信。蚕农们非常气愤，他们正是用了他的选种方法，损失才会如此巨大。

如此心烦气躁的过了几个月，他又燃起了做实验的冲动，而幸运之神貌似也一同降临。他暗自思考："我现在已经有好几窝健康的蚕可供实验，假如我用病蚕的粪便去污染桑叶，然后再拿去喂养它们，健康的蚕会不会因此死去呢？"说到做到，他动手尝试了一次，最终健康的蚕确实死了，却死因不明。因为那些死去的蚕并没有出现微粒子病蚕的死状，它们的身上并没有小黑点，也没有在25天内慢慢死去。他失望极了，不得不暂停实验。而他的助手却在为他忧心不已，他不明白巴斯德为什么不再做实验了。

之后，巴斯德的这位助手——杰内斯，正在北方的瓦朗西安，研究当地的蚕。于是巴斯德写信给杰内斯，让他在那里做饲养实验。杰内斯坚信小球是微生物、是寄生虫，正是它们杀死了蚕宝宝，他不管巴斯德是否也这样想，他坚持自己的看法。他用病蚕从未染指过的优质桑叶，培育着40条健康的蚕。这些蚕一共做了27个茧，从茧中出来的蛾，身上也并没有携带小球。然后他捣烂了一些病蚕，把它们涂在桑叶上，然后去喂养一些只孵出来一天的蚕，很快，这些蚕就干瘪地死去了，它们无一例外，身上全都布满了胡椒粒点子，体内全都是肉眼看不到的小球儿。然后他又用这种携带病原体的桑叶，去喂养一些还没开始吐丝的大蚕，之后，这些大蚕作了茧，又在茧中变成飞蛾，当它们从茧里出来时，它们的体内也携带着小球，而它们的卵孵化出的蚕宝宝，全都病怏怏的。杰内斯高兴极了，因为他在寂静的夜晚，从显微镜内看到，这些幼蚕体内的小球数量急剧增加，他兴奋不已……

杰内斯带着让人兴奋的消息回来了，他告诉巴斯德："找到答案了，这些小球是有生命的寄生物，蚕生病的原因就是这些寄生物！"

杰内斯的结论在6个月以后才得到巴斯德的认可。在巴斯德明白的那一刻，他立即就投入到工作中，并且又一次把委员会集中到了一起，说："这些小球是有生命的，它们不仅是病症，而且疾病的起源就是它们。它们无处不在，在蛾的每一个部位都有痕迹，并且以迅猛的速度繁殖着。我错就错在没有把蛾的全身都仔细地检查一遍，而是只检查了肚子下面的部分。我们必须把整个蛾都捣碎，全面检查。接下来，在没有丝毫小球的状况下才可以放心使用这些卵来繁育第二年的蚕！"

这个新的方法被委员会施行以后，效果非同凡响。次年，他们的蚕生长得非常好，且生丝的产量也大大地提升了。

此时的巴斯德明白了，作为微粒子病根源自小球，并非来自蚕体本身，即不是在身体里自然而生的。于是他奔走各地，教会农民怎样才能让好蚕不被病蚕污染过的桑叶感染。后来，他患上了脑溢血，濒临死亡的时候，一听到他的建造新实验所的工程因为预料他的必然死亡，为了节省而停工时，他大发雷霆，并且激发了活下去的信念。他生病以后一直半身不遂，可是他对斯迈尔博士的著作《自助》非常感兴趣，阅读完之后精神振作地决心工作，把自己半身瘫痪的病症忘在了脑后。一次，原本他应该躺下来或者在沙滩上休息时，他却一步一颠簸地踏上了去南方的路途,愤愤不平地宣布: 看着这么多非常可怜的老百姓，一直饿着肚子，如果不彻底根除蚕病，那简直就是罪不可赦！除了一小部分可恶的坏人诽谤他，说他这是在故意表演之外，法国的民众都非常喜欢他，对他赞不绝口。

在长达6年的时间里，巴斯德等一直在与蚕病作战。这边微生物粒子的毛病刚刚好，那边蚕虫又被另一种病菌击倒了。还好，他发现了问题的根源，找到了引发它的微生物，速度也非常之快。如今，老教授杜马在谈及他亲爱的学生巴斯德时，常常感动得流泪。更加夸张的是，阿雷市的市长竟然提议，要为伟大的巴斯德铸造一个金雕像。

加热就行了

转眼间，巴斯德已经45岁了。在上帝的保佑和杰内斯的帮助下，他成功挽救了岌岌可危的丝绸产业。很多年来，他曾一度投身于这一伟大的壮举中。他企图用自认为富有诗意的才华，去眺望那并不完全真实的仙境。他睁开一双忧郁的双眼，像个艺术家一样，对人类的未来忧心忡忡，发誓要将这些威胁人类生命的病菌一网打尽。

"如果真像我说的那样，病亡不是自然而然的规律，那我们就应该尽自己最大的努力，去消灭这些威胁生命的疾病。"

巴黎城在1870年时被围困了，因此巴斯德不得不放弃当下的工作，回到了故乡如拉山。他在各个战场中，努力找寻着自己那当兵的儿子。这一切让他对德国的一切都怀有一种深沉的憎恨，至死方休。他变成了一个彻底的爱国主义人士。"所有我的著作，都必须在书名下写上一句话：报仇！该死的普鲁士！"他非常严肃地说明，自己是一个热爱和平的法国公民。接下来，他干了一件惊天动地的大蠢事，将复仇的情绪完全带入了研究中。当然，所有人，包括巴斯德本人都不得不承认，德国啤酒远远赛过法国啤酒。因此巴斯德就咬牙发誓，一定要让自己国家的啤酒胜过德国的啤酒，要让法国啤酒成为啤酒中的精品，不，要成为世界啤酒中的王者。

他长途跋涉，赶往法国几家规模宏大的酿造厂。拜访人家的时候，他向每个人都问了问题，从车间里的酿造师傅，问到洗桶的工人。在英国期间，他去

向著名的黑啤师傅请教,他们是巴斯和伯顿,当地酿造淡色啤酒的有名的技师。数以万计的新酵母经过了他的考验,他发现了酵母小球的出芽过程,以及酒精的制造程序。偶尔,他还能发现几年前,他在变化的葡萄酒中观察到的同一种微生物。他对酿酒的人说,如果他们把酒加热,这些入侵者就不会存在了。他和别人承诺,这样的话,他的啤酒就可以运到外地,进而酿造出独具特色的啤酒。为了他的实验,他向酿酒人募捐,对他们说,这是一件利润极大的事情。他用拉回来的赞助把高等师范学校里的旧实验室改装成迷你型的科学酿造所,里面陈列着崭新发光的器具。

在这样不辞辛苦的工作中,巴斯德对研究啤酒的工作越来越没有耐心了。他讨厌啤酒的味道,就跟讨厌烟草的气味一样。最让他困惑的是,如果想成为一个伟大的啤酒科学家,必须要先成为品酒师中的佼佼者。还有一点让他对自己失去了信心,酿造啤酒的技术并不是简单地让啤酒桶里没有有害微生物那么简单。他把鼻子和胡子通通放到啤酒里浸泡,咬咬牙,下定决心喝几口自己酿的东西,虽然他真的讨厌极了啤酒的味道。哪怕再好的啤酒他也很厌恶,他不

巴斯德在调查啤酒

喜欢所有的啤酒。在巴斯德看来，没有不令人恶心至极的啤酒，而他的老伙计，物理学教授伯廷却一饮而尽，吧嗒吧嗒地抿抿嘴，对他哈哈大笑。就连巴斯德的助手也会笑他，不过也只是在背地里笑笑而已。不管巴斯德多么才华横溢，他始终不是神。我们可以说他是个接触的研究者，优秀的传教士，但对啤酒却毫不在行，这可能是专业不同的原因吧。

巴斯德真的对法国啤酒业做出了很大的贡献，这是无可厚非的，至少那些诚恳的酿造业主可以当证人。我也怀疑那些崇拜他的群众的意见，他们永远认为是巴斯德让法国啤酒和德国啤酒处于同等地位，这种观念深入人心。我也不会否认这样的说法，不过我希望能有一个庄严公证的国际委员会出来作一个评判，就像巴斯德经常要求的那种，可以在他和他可恶的反对者之间作出正确判断的委员会。

渐渐地，巴斯德的生活跟绝大多数科学家所过的，那种自然隐退的生活产生了不同。他的实验已经成为了反对者手中的凶器，同时这凶器也成了这种强烈反对声音的公然回复，而并不是为了成功而实验。那么，就算是市场接纳了他的这些科学，但他实验却为世人所怀疑。正是这些曾经的实验，点燃了世人的希望和梦想，还带动了世人想象的热潮。他陷入了一场主题为酵母如何把葡萄汁变成酒的喧嚣辩解当中，争论的另一方是两位法国生物学家，夫累密和特累库尔夫。夫累密承认，葡萄汁变成酒精的过程里少不了酵母，然而他根本没有什么学问，他告诉研究院的学者说：酵母是在葡萄里自然发生的，受到了他们的嘲笑。所有研究院里富有见识的人都看不起他，都觉得他可笑之极，但唯独巴斯德不那样想。

巴斯德说："夫累密曾说过，葡萄里本身就能产生酵母，那我们就做个实验证明一下它吧！"他拿了很多圆鼓鼓的实验瓶子出来，往里倒了一些葡萄汁，再把每个瓶子的脖子都拉得老长老长，放到火上去烧，让里面的汁液都煮沸起来。几天以后，他再观察时，发现所有瓶子里的葡萄汁都没有出现任何气泡。当然，因为没有酵母，它们自然就不会发酵。之后，巴斯德又从园子里摘了些新鲜葡萄来，用水将它们洗得干干净净。接着，他取了几滴洗葡萄的水，滴到透镜试

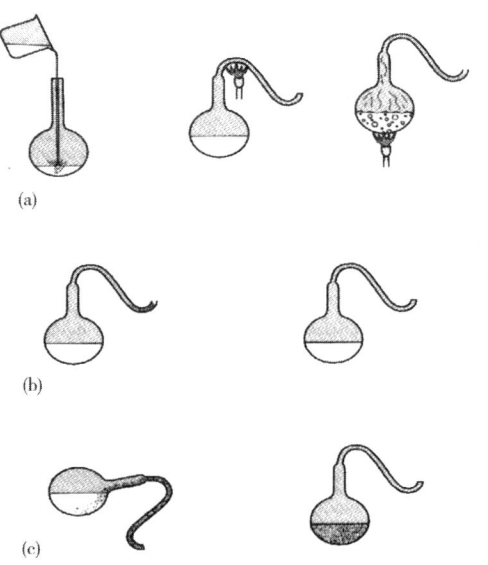

巴斯德的曲颈瓶试验

片上进行观察，发现上面的确有一些酵母状的小圆球。他又拿来了10只长脖子瓶，很巧妙地把一根笔直细长的玻璃管熔合到这些瓶子边缘，他利用这根玻璃管，在每个瓶子中滴入一滴洗过葡萄的剩水。没过多久，这些瓶子就都出现了发酵后的红色泡沫物质，非常完美。"跟我想象的一样！"几天后他激动地说道，"瓶子内的物质压根就没发酵，只不过高温加热，把洗葡萄的剩水中含有的酵母，都给杀死了。"

"现在，我要向人们展示最关键的实验了，我要证明给愚蠢的夫累密看，成熟的葡萄里面根本不存在酵母。"他把一根头端尖细的空心管子封闭了起来。这根管子被加热得非常热，用来杀死所有可能存活的酵母。他慢慢地用完全密封的管子刺向葡萄皮，扎进了葡萄中心，并巧妙地将密封的瓶口折断，再把溢到管子里的一点葡萄汁，用娴熟的手法送到另一只长脖子颈瓶中去，这时的瓶里已经装有少量的葡萄汁了。过了几天，他惊喜地大叫起来："夫累密完蛋了！葡萄里根本没有酵母，瓶子里的物质一点儿也没有发酵！"他把自己喜欢的理论，用一种充满激情的口吻表述来出来，"葡萄、蚕虫或者健康的动物体内是不存在微生物的,哪怕是动物的血液和粪便里,微生物也不会自己凭空产生。所有的微生物全部来源于外部!铁证如山,夫累密也不得不接受现实了。"接下来你可以想象出来,巴斯德一直在自言自语地说:"这个小小的实验带来的奇迹,马上就会被全世界所熟知了。"

梦想与光荣

当时,巴斯德的确梦想着能够做一名为人解除病痛的医生,他还收到了来自英国的外科医生利斯特的一封言语诚恳的来信。这封信详细介绍了如何扼制那种死亡率极高的致命病菌,以及手术过程中的注意事项。

利斯特还在信上对巴斯德的细菌致腐实验,表示他以及众多医护人员对他的工作成绩忠心的感谢和肯定,并邀请他能够亲自前往爱丁堡。

正如一个自己发明了蒸汽机,且被众人认可的孩子那般高兴,收到利斯特的来信,巴斯德感到非常荣幸。巴斯德还将利斯特的来信展示给他的朋友,并将这封信的内容全部引用在他的所有论文中。他在《对啤酒的看法》一书中,公布了这封信的内容。最后,他还狠狠地给了夫累密一击,并在这个事件中贬低了夫累密,也抬高了自己。他还说,积极的人生理想,是要能为人类创造价值的。对于巴斯德自己的这个观点,巴拉先生几乎是以一种慈父般的友情,给予了他高度的赞扬,因此,夫累密再说不出一句反驳的话。

到了现在,微生物学在欧洲受到了疯狂的追崇。巴斯德心里很明白,经过他的努力,本来看似毫无用处的微生物学,成为了能帮助人类的一种科学。但是没过多长时间,让世界上最为震惊的事情出现了,微生物竟然成了让人恐惧的魔鬼和杀手,成为了人类最恶毒的对手。

这个时候,在法国,巴斯德已经非常有名了。就算是在丹麦,那些有名气的酿造行业的老板也会把他的半身像立在屋子里。就在克劳德·贝尔纳突然间

死去的时候,这位伟人没有完成的一些作品,被他的一些朋友们发表了出来。但他们改变了贝尔纳的原意,将它理解成如何把葡萄汁转换为酒。这个被曲解的理论彻底推翻了巴斯德的说法。

巴斯德对自己的眼睛产生了怀疑,他不相信贝尔纳会做出这样的事情来,他的这位同事一直赞美他是一位伟大的科学家,又怎么会这样说他的理论呢?贝尔纳和他曾经一起面对过讥讽,一起并肩作战过,也曾经争辩过,巴斯德自言自语说:"你们这些资历浅薄的博士、医生,你们和我的想法太不一样了,真是太让人沮丧了,但是我的工作总会得到那些真正的伟人的赞赏的。"

在这短暂的时间里,巴斯德没有什么办法了。不过没关系,他总会想出办法。他继续埋头研究贝尔纳的原始稿件,他是一位一丝不苟的研究者。终于,他发现了贝尔纳的实验仅仅是个开始,稿件就是一个初稿。他还发现,贝尔纳的那些朋友为了让文字读起来更加有意义,进而按照自己的意思作了部分改动。这个发现叫他十分兴奋。事情的真相被揭露后,社会舆论一片哗然,人们对贝尔纳的那些朋友随意改动原稿件很是愤怒。紧接着,巴斯德又以纪念老朋友的名义发行了一本小册子,来表达自己的观点。

这本饱含激情的小册子中,巴斯德彻头彻尾地批评了贝尔纳的实验结果,这些结果与法兰西研究院的文学家们还有密切的关联。这本小册子中还说,贝尔纳的晚年研究生涯中,竟然忽略了酵母菌这个重要的生物。因为巴斯德的严厉指责,人们开始产生这样一种感觉:晚年的贝尔纳已经无法继续他的实验了,因为他老眼昏花,不能再做出精确的实验了。

后来,巴斯德以一个惊人的实验与贝尔纳分出了胜负,这件事会让人听了之后就不会找任何理由去低头做事。他疯狂的举动就像一个美国工人在六周的时间里建成一栋摩天大楼一样,他急切地跑去五金店买来大玻璃,去找木匠做几个可以灵活移动的暖房。他的帮手在不分昼夜地工作,准备好做实验的一切工具。这么短的时间里,让人意想不到的是,巴斯德收拾起了所有那些笨重的工具,踏上了回乡的列车,他抛下了所有的工作、烦恼,一门心思地想着一件事情:"我的发酵理论能成功吗?"

他来到了自己的位于阿尔瓦布的小葡萄园,迅速地把暖房装好,在里面用葡萄藤围好,好叫暖房密不透气,让外面的空气和里面的葡萄藤彻底隔绝。"现在是炎热的夏季,葡萄成熟的过程要很漫长。"他心里暗自想着,"这个时候决不能让葡萄上粘到半点酵母。"然后,他让助手用加热的棉花把所有的生物都杀死,仔细地把暖房包起来。然后,他回到了巴黎,迫不及待地等着葡萄的成熟,一心想推翻贝尔纳的理论。他早早地回到了阿尔布瓦,在这里终于等到了葡萄的成熟。他用显微镜仔细地观察了暖房里的葡萄,发现葡萄皮上没有任何的酵母,他急切地在加热过的瓶里捣碎了一些葡萄,瓶里没有起半个发酵的气泡,可当他拿处在暖房之外与空气接触的葡萄做相同实验的时候,它们就会产生气泡而迅速地转化为酒!最后,他把这些都带回了研究院,如果那些院士愿意要的话,就每人送他们一串,他要挑战所有人,看他们能不能用这保护好的葡萄酿成酒,他很清楚,如果那些人不把葡萄中加进酵母是很难酿成酒的,他要让所有人明白,贝尔纳的结论是不对的。巴斯德夫人在火车上端坐着,经过了一整天的时间,巴斯德夫妇终于到达了巴黎。

在接下来的大会上,巴斯德向研究院宣告,他的葡萄是怎样不受酵母侵蚀的。他理直气壮地说:"这不值得注意吗?不仅仅在我的葡萄园里,就算在全世界大大小小的葡萄园里,这都是铁铮铮的事实。我在做实验的时候发现,每一寸土壤都会让葡萄发酵,可是结果正好相反,我的暖房成功地做到了。难道这不值得我们用心思考吗?那么,到底是什么原因呢?答案就是:我在某一个时间段用玻璃盖住了土壤……"

然后,他开始了美妙的演讲,这会让你忘记了他对贝尔纳粗暴的辩论。"所以,我们也一定要坚信这一天的到来,那个时候,一些简单方便的预防方法,就会阻止瘟疫的蔓延。"他渲染了一幅当时新奥尔良街道化为荒地的凄惨画面,让人们听了都浑身打颤。

就在这个时候,德国东部的一个小乡村中,一个年轻的普鲁士医生走向了巴斯德所预言的神奇之旅。这个年轻的医生在为病人看病的闲余时间,用老鼠来做一种奇怪的实验。他想出来一种奇特的研究微生物的方法,用来表明微生

物仅仅是一种微生物而已。他做的事情是巴斯德绝对不敢做，且从没成功的实验。现在，我们就暂时和巴斯德分别一会儿吧，哪怕这个时候的他正处在最兴奋的时期。我们会在最后一章里重新提起他。现在先和罗伯特·科赫一起，看看他是怎样在这个多年来都处于巴斯德时期的微生物界里，做出一些奇思妙想的重要研究的吧。

第四章

科赫：与死亡作斗争的战士

罗伯特·科赫并不善于言辞，他没有用多余的话去叙述自己的过程，叙述自己的成功，而是要那些专家教授们观看自己的研究成果。连续好几个昼夜，他都只给他们看自己的成果，并且很快就看完了。要知道，这些研究可是自己经历了千万次失败才换来的。

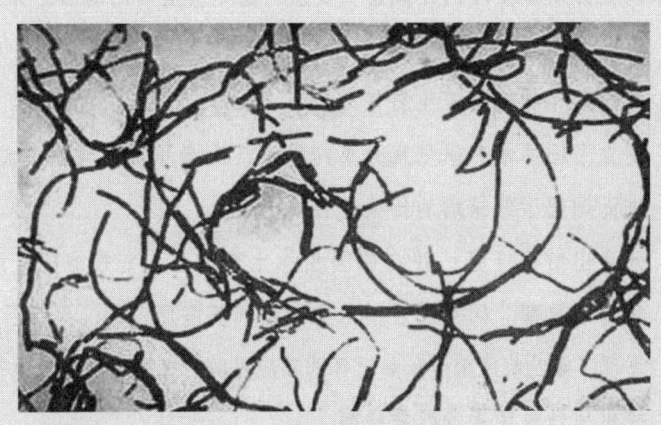

科赫简介

罗伯特·科赫（1843年—1910年），德国医师、微生物学家，1905年诺贝尔生理学或医学奖得主，被视为"细菌学之父"。主要贡献是发现了因发现炭疽杆菌、结核杆菌和霍乱弧菌，并发展出一套用以判断疾病病原体的依据——柯霍氏法则。

生平主要事迹

1843年　出生于德国小城克劳斯塔尔

1862年　考入格丁根大学学医

1866年　毕业德国格丁根大学学医，获医学博士学位

1876年　以公开表演实验的方式证明炭疽杆菌是炭疽病的病因，并报告了炭疽病菌的生活史

1880年　应邀赴柏林德国卫生署任职

1881年　创立了固体培养基划线分离纯种法，大量培养出纯种的结核菌，并进而阐明了结核病的传染途径

1882年　分离出结核杆菌，并在德国柏林生理学会上宣布结核杆菌是结核病的病原菌。同年发表了论文《结核病病原学》

1883年　发现了霍乱病原菌是形如逗号的霍乱弧菌，提出控制霍乱流行的方法

1890年　提出用结核菌素治疗结核病

1893年　发现了阿米巴痢疾和两种结膜炎的病原体

1891—1899年　研究了鼠疫、疟疾、回归热、锥虫病和非洲海岸病等

1905年　发表了控制结核病的论文，并获得诺贝尔生理学或医学奖

1910年　因患心脏病卒於德国巴登

只因显微镜

1860年至1870年,是值得人们振奋的10年。在这期间,巴斯德不仅发现了蚕病的根源,还因挽救造醋业而使帝王们大吃一惊。

在哥廷根大学,有个叫罗伯特·科赫的德国人在这里学医。他身材矮小,总是一副严肃的表情。当然,他有着大多数学者的明显特征:近视。在学校里,罗伯特·科赫是个爱学习和爱幻想的好学生。在解剖尸体时,他一边用心记着几百根骨头和肌肉的名称,还一边幻想着去丛莽密林中打老虎。

年轻的科赫有很多梦想:想要当一名探险家;想要当一名军医,获得一枚铁十字勋章;想要当一个轮船上的医生,到人迹罕至的天涯海角去旅行。可惜的是,梦想只能停留在梦想里了。

1866年,罗伯特·科赫在医学院毕业后,在一家疯人医院里当实习医生。在这里,他为那些说话不着边际的疯子和生活不能自理的傻子忙碌着。当那些关于巴斯德的"杀人的微生物的预言"传到他耳边时,他的生活和思想完全没有受到影响,依旧倾听着轮船的汽笛声,傍晚同艾美·弗赖兹沿着码头散步时,甚至还向她求婚,说要一起进行一场奇妙的环球旅行。虽然艾美·弗赖兹答应了罗伯特·科赫的求婚,但开出了自己的条件:要科赫放弃那些具有冒险意义的

罗伯特·科赫

生活，安心做一个医生，做一个对德国有利的好公民。

为了爱情，罗伯特·科赫答应了她——憧憬与她过50年幸福生活的良辰美景。在那一刻，他的那些天马行空的梦想和想象一下子消失不见了，连对生活的热情都似乎减少了不少。就这样，罗伯特·科赫开始在没有一点儿浪漫的普鲁士乡村行医。

一天半夜里，罗伯特·科赫驾着马，在泥泞的路上行走着——因为他要为一名普鲁士农妇接生。此时在苏格兰，利斯特正着手拯救产妇的生命——不让微生物感染到她们。当欧洲医学院的教授们和学生们纷纷为巴斯德关于有害微生物的理论兴奋地争论，并开始进行简陋的实验时，罗伯特·科赫却与这些完全醉心于实验和研究的人们完全隔绝。就像是在200年前，老列文虎克在荷兰德尔夫特首次摸索把玻璃磨成透镜，用于微生物学研究一样。

这些都不重要了，重要的是罗伯特·科赫总是怀着好心，力图挽救垂死的人，虽然他十有八九是失败的，但他深爱的艾美·弗赖兹对他的状态很满意。特别是他有5元4角5分收入时，她就更显得骄傲了。

后来，罗伯特·科赫从一个死气沉沉的乡村移居到另一个气死沉沉的乡村。再后来，罗伯特·科赫来到了东普鲁士的乌尔斯太因。在他过28岁生日时，妻子艾美·弗赖兹送了他显微镜，以供他玩乐。

也许，你会经常听到好妻子艾美·弗赖兹说："或许，这能使罗伯特高兴一点儿，少去想那些所谓的行医，那真是件愚蠢的事情……看起来他的状态不错，总是用那个显微镜看这样瞧那样的……"

科赫夫妇，摄于1902年

令艾美·弗赖兹遗憾的是，这架供罗伯特·科赫消遣的显微镜并没有使他安定下来，而是鼓励他去做一些探险的事。这种探险，比他那些"在巴基斯坦的拉合尔"或"在南太平洋的塔希提岛"更为奇怪!虽然巴斯德也曾经幻想过它,但迄今还没有人经历。

就这样,这些奇特念头一直围绕着他,让他开始对目前的生活状态感到压抑,甚至厌倦了。

"我痛恨自己招摇撞骗的医术……我不是不想让那些白喉婴儿起死回生……可是那些泪流满面的母亲央求我挽救她们孩子的生命时——我却无能为力,只能是摸索,猜测,并安抚她们慌乱的心……实际上我早已知道没有任何希望……我甚至连白喉的病因都找不到,即便是德意志医术最好的大夫也一样找不到……这样的话,我又如何对他们施救呢?"

此时,我们甚至可以设想罗伯特·科赫向艾美·弗赖兹诉苦,但她呢,可能会很心烦,会一头雾水。是呀,按照她的思维,难道一名年轻医生不该尽职尽责,用他那在医学院获取的广博知识治病吗?哎!这就是问题所在。

确实,罗伯特·科赫对于这些疾病又了解多少呢?

另一方面,巴斯德的实验是成功的,即使他曾经呼吁将来有可能战胜疾病,鼓吹扫清瘟疫的伟业,但他的实验却无法证明人类疾病产生的原因和过程。与此同时,俄罗斯边远城镇里的男人,还用着传统的方式治病:将受到病菌感染的四个寡妇拴在一张犁上,围绕着乡村犁出四道沟驱赶瘟疫。而他们的医生,却提不出任何合理的方法和意见。

或许,艾美·弗赖兹还会这样安慰他:罗伯特,你所不能医治的病,那些柏林的教授和名医们一定知道病菌的原因和过程。不过,需要知道的是,在50年前那些所谓的最高明的医生,对时疫原因的解释,并不比把城镇寡妇拴在犁上驱赶病菌的方法的高明多少。

在巴黎,巴斯德宣称:微生物是结核病人的敌人。可对于这个梦一样的预言,所有的医生都嗤之以鼻,甚至反击,为首的就是闻名遐迩的彼杜医生。

"什么!"彼杜咆哮道,"结核病是某种细菌引起的?简直就是一派胡言!结核病的原因,大多数是由器官的浆组织通过多种途径遭到渐进性的坏死和感染导致的!那些荒谬的想法,根本就是一个神经病的言论,不可相信!"就这样,巴斯德的预言被一一击垮。

发现炭疽杆菌

到了晚上,罗伯特·科赫就开始玩弄起新的透镜。他尝试着用反光镜让适量的光线射入透镜,甚至懂得要保持玻璃片的洁净度。罗伯特·科赫小心翼翼地把死于炭疽病的牛羊尸体的血液,滴到这些玻璃片上……

炭疽病非常怪异,它的出现让整个欧洲的农民焦虑不已。在有些地方,炭疽病能让拥有上千只羊的富人变得家徒四壁。在其他地方,炭疽病害死了一名穷寡妇的一头牛,要知道,那头牛对那位寡妇来说多么重要。这种病到底是如何杀害牛羊的?人们根本就弄不清楚。羊群里的羔羊白天还活蹦乱跳,到晚上就不进食了,而且它的头部全都发黑,很是吓人!接着,羊群里的一只羊……四只羊……六只羊无不是如此。接着,但凡是接触过羊群的农民、牧羊人、分拣羊毛的人和羊皮商,全身都长出可怕的疮疖,甚至得了急性肺炎而死亡。

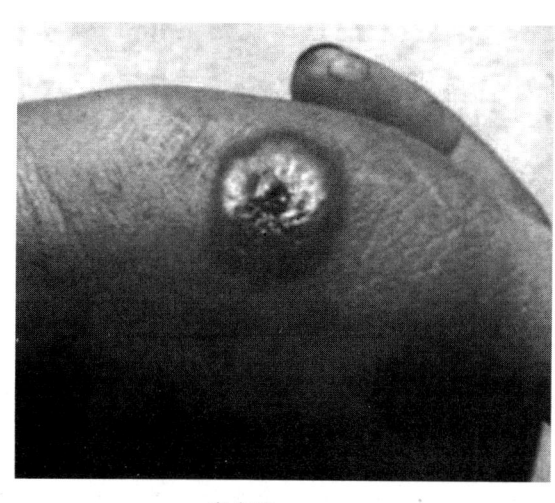

炭疽病

最初使用显微镜时,罗伯特·科赫毫无方向地观察着各种各样的事物,好像每件事物都神奇得不得了。直到看到了死于炭疽病的羊和牛的血液,罗伯特·科赫才变得聚精会神起来。

罗伯特·科赫出诊的时候,在田野上看到一头死羊,便开始打听炭疽病,找到羊群死亡的农庄,甚至忘记了要去看望病人。科赫不如列文虎克有那么多清闲的时间,他只有在给哭着喊肚子痛的孩子开药方时,在为某位村民拔一颗痛牙的时候,才会抽时间看看显微镜。

在这些忙碌的日子里,罗伯特·科赫在两薄片玻璃上,滴下了几滴因患炭疽病而死去的牛的血液。他用显微镜观察那些漂浮在血液中的淡绿色小圆球,看到了一些奇怪的东西:它是杆状的。有时,这些杆子非常短。有时候只有几条,它们在血液中间飘流,微微颤动;有的是粘在一起,像是一条细细的长线,细得令人想象不到。怎么说呢?应该只有最细的丝线的千分之一。

"这些是什么东西……是微生物?难道微生物是活的吗?天啊!它们并没有动……难道说,那些可怜的牲畜就是死于这些小东西?"罗伯特·科赫心里这样想着。

事实上,法国的达伐内和雷厄就曾在死羊血里见过类似的东西,并表示它们是杆菌,一种有生命的细菌,认为它们极有可能就是炭疽病的病原体,但他们却没有做出验证。在整个欧洲,他们的言论除了巴斯德以外,没有人相信他们。对于罗伯特·科赫而言,其他人怎么想与他毫无关系,那些医生和科学家的怀疑和嘲笑就像是一阵风,很快就被吹散了。同时,对于那些医生和科学家而言,籍籍无名的罗伯特·科赫还不值得引起他们的注意。无论如何,在此刻,还没有人会在意这么一个人。

"虽然我还没有办法验证这些细菌是否有生命,"他想,"但是它们另一些故事却值得我们去探索……"但令人奇怪的是,罗伯特·科赫不去研究患病

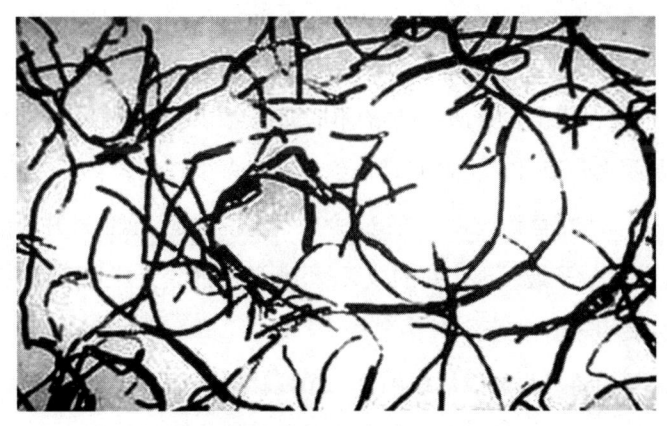

显微镜下的炭疽杆菌

的牲畜，反而对那些健康的牲畜感兴趣起来。他与屠宰场的屠夫、乌尔斯太因的肉商进行了深入接触，并且从10头、20头、50头被屠杀过的健康牲畜那得到了血液。他专注地盯着显微镜，注视这些健康血液的微小变化。或许是他花费在观察这些血液的时间越来越多，以至于耽误了为病人拔牙，艾美·弗赖兹开始责怪他不务正业。

"那种杆菌和细线，从未在健康牲畜的血液中出现过……"他陷入深思之中，"或许，这是最好不过的事情了。可是，这无法证明它们是不是杆菌，是不是有生命……我看不出它们是否在生长繁衍……真是令人头疼！"

到底怎么样才能弄明白这些呢？结核病患者……唉！作为一个医生，他应该把精力全都放在那些透不出气来的患白喉婴儿的身上，那些年迈的老头子和老太太那里。为了验证那些杆菌是否拥有生命，有时候，他甚至忘记在药方上签名，而且脾气变得越来越差，甚至要用隔板把诊所隔开才能安心工作。由于精力全都投入到观测显微镜中那些离奇死亡的羊的血液，以至于他在隔板后面呆的时间越来越长，屋子里装白鼠的笼子也越来越多。

"我缺钱……没有钱来买些牛羊，以供做实验……"当他正在喃喃自语的时候，那些等候在诊室里的病人却在备受煎熬，但他依旧在想："不过……要真的买些牛羊放在我诊所也不太合适！或许，我能让这些老鼠得炭疽病，然后在它们身上验证这些杆菌是会生长的……"

这位曾经梦想环游全球的人，不但不去实现理想，反而做起了令人匪夷所思的探索。罗伯特·科赫是一个比列文虎克更怪诞的微生物猎人。罗伯特·科赫没有钱，他要埋头于诊务，他所学的那些知识全部是在普通医学课程里学到的，不过仅仅是那么一点儿。上帝知道他到底学了多少技艺，在没有那么多仪器的课堂里。当然，他拥有着一架显微镜。令人不愉悦的是，当他离开老鼠和显微镜，回到卧室，并对妻子说发现了新的成果时，他美丽的太太却耸了耸鼻子，说："罗伯特，你身上的味道很大啊！"

后来，罗伯特·科赫偶然想到了一个能让老鼠染上炭疽病毒的方法。他没有合适的注射器，用以给老鼠注射有毒的血液。在糟塌了那么多无辜的小生命

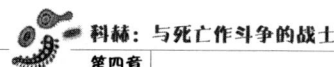

后,他拿了一些细薄木片,清洗干净,然后放在烘炉里加热,想办法把沾在上面的微生物杀死。处理完后,他便将这些木片泡在死于炭疽病的羊血中。接着,他用消过毒的刀在老鼠尾巴根上(鬼知道他是如何抓住这些狡猾的老鼠的)划一个口子,非常巧妙地把浸过血液的木片安置在里面,然后把这只老鼠放到另一个笼子里。最后洗净双手,在一种失魂落魄的状态下,去诊断一个孩子得了什么病……"或许那老鼠会因炭疽病而死去……施密特夫人,您的孩子下个星期可以回到学校上课去……上帝保佑我受伤的手指不要染上炭疽病菌……"这就是科赫生活的真实写照。

翌日清晨,科赫来到简陋的自建实验室,只见昨天试验的那只白鼠如今正四脚朝天地躺在笼子里。原本柔滑的毛倒竖起来,白色毛发变得铁青。接下来就是对这只白鼠进行解剖了,罗伯特·科赫先将刀加热,然后把这只死去的白鼠固定在木板上,划开它的肚皮、它的肝脏、它的眼睛、它所有的器官。"没错,这与一只炭疽病羊的体内情况非常相似……瞧,它的脾脏变得又黑又大……几乎占据了它的整个身体……"接着,他熟练地用加热过的刀划开白鼠胀大的脾,将那些发黑的黏液滴在了透镜上……

科赫沉思道:"这些杆状物和细线……它们同样出现在这只老鼠体内,这与浸过死羊血的木片所呈现的状态是一样的。"此时的科赫喜不自禁,因为他让廉价的白鼠感染了牛羊患的疾病。不过,他的生活并没有多大起伏,依旧是无聊、无趣、乏味的,每天进行机械化的工作:用死白鼠的血液或脾液反复涂抹在一块干净的木片上,然后把它安置进另一只健康的老鼠尾巴根里。第二天,科赫照旧来到实验室,会发现这只白鼠也因为炭疽病而死去了。他无数次发现死白鼠的血液中充斥着长杆菌和细线,这种只有1/25000英寸粗的细线,他在所有健康动物的血液里从未见到过。

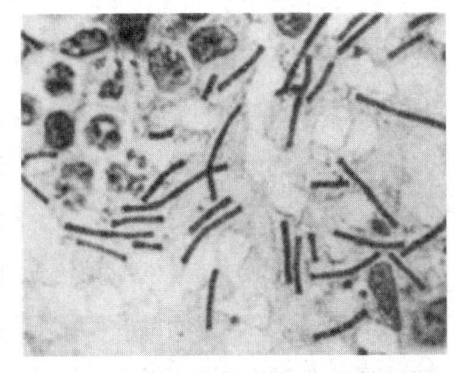

罗伯特科赫在显微镜下看到的炭疽杆菌

此时，科赫开始思索："这些小东西一定是活的！被塞进老鼠尾巴根里的木片上还沾有一滴血。在这滴血里，就有着几百只类似于这样的杆菌。老鼠从得病到死亡的短短一天时间内，它们却繁殖到了几十亿只……这样的速度可真是惊人啊！真糟糕！我必须看见这些小东西的变化……可惜的是，我不能钻到一只活老鼠体内，去观看这些变化。"

到底有什么方法可以看到那些杆菌长成线？罗伯特·科赫苦思冥想着。即便是在给病人按脉、看病人的舌头的时候，也不会放弃想这个问题。吃过晚饭后，他匆匆对妻子道句晚安，便进入弥漫着老鼠和消毒剂气味的小房间，试图找出在老鼠体外孳生细菌的办法。在那个时候，罗伯特·科赫甚至对巴斯德的酵母汤和烧瓶的东西一无所知。当然了，也不能够说他什么都不知道，可以说是知道得很少很少。在这个小实验室里，他手忙脚乱地做实验，试图创造着自己想得到的成果。

"我要让小东西们在构成动物身体最相同的材料里繁殖——这种材料一定得是活的！"他自言自语地说着。接着，他拿出鲜活的脾——那些纠结在一起的线的脾，然后放到了牛眼睛的水样液里。

"这应该是它们的好食物了！"他嘀咕着，"哎！可惜的是，这些线需要与老鼠体温一样，才能够生长。如果不需要这样的条件，就好了……"

说着，罗伯特·科赫开始做了一个简单的培养箱，然后用油灯让它加热，达到那些小东西所需要的温度。在这个或许并不那么可靠的器具中，他放进两片玻璃，再在两者之间滴入牛眼睛的水样液。夜幕降临，罗伯特·科赫躲在床上睁着眼睛想着实验的事情，随即又起床把有些冒烟的油灯灯芯放低一点，还用显微镜观察幽禁着小杆菌的玻璃片。或许是他太急切了吧，有几次他甚至认为自己可以看到小东西生长了，但他还不能确定——因为跳着游着的微生物们，很可能会进入两片玻璃之间疯狂孳生，消除了纤细的危险的炭疽杆菌。

"我相信！我一定会把杆菌培养成单纯的微生物！是那种不混杂任何一种微生物的东西。"他喃喃自语着。为了实现这一点，他继续努力钻研。慢慢地，皱纹和眼角纹爬上了他的脸颊。

忽然间,科赫想到了一个察看杆菌生长繁殖的办法!你想象不到,这个办法太简单了,简单得甚至有些可笑。"我来把这些小东西们放进一滴悬滴里,在这里可没有别的微生物能混进来!"接着,罗伯特·科赫取一滴刚屠宰的健康牛的眼睛水样液,滴在一片经过加热消毒后的薄薄的玻璃片上,他把少许才死于炭疽病的老鼠的脾屑放入这滴水样液里。在这滴水样液上,他先是盖上一块长方形的厚玻璃,这块厚玻璃上面有着一个凹面,是为了防止玻璃同水样液碰到。接着,他又在凹面的周围,涂上了一些凡士林,让薄玻璃与厚玻璃粘住。最后,他才把这简陋的仪器翻过来。就在这一刻,奇迹发生了:他的悬滴——放着含有很多杆菌的脾屑的牛眼液体——竟然被隔离在凹面了。这真是太神奇了!

当时科赫还不是特别清楚。不管怎么样,这实在是他收获的最大的成果。

"事实上,不会有任何东西能进入到这一滴悬滴里!只有那杆菌——现在我们来瞧瞧它们是否会繁殖……"科赫一边把悬滴移到显微镜的透镜下,一边嘟哝着。他找了一把椅子坐下,静静地观看着显微镜下的变化。在透视镜下,他只能看见一些老鼠脾的碎屑(这些碎屑在显微镜下并不渺小),在这些碎屑中的个别部位,有一些极其细微的杆子漂浮在上面。他对着显微镜一看就是100分钟,不过在这100分钟里,他没有丝毫的发现。但在后来的病脾的碎片中发生了一件怪事——让他难以相信——漂浮着的小杆菌繁殖起来了!小杆菌原来只有一只,现在变成两只了。而且,有一只正在悄悄伸展出来,变成了一根纠结的、无尽头的丝线,正在横穿透镜视野的整个直径。就在短短的几个小时内,这小小的脾屑就完全被千千万万杆子所遮蔽。现在,我们知道了那些理不清的无色线团——就是那些害死牛羊的罪魁祸首。

"知道了!知道了!我现在终于可以验证这些杆菌是有生命的了!"科赫心里的石头落地了,"我终于清楚它们是如何在可怜的小白鼠、牛和羊身体里繁殖的道理了。这些杆菌,就是挑出一只来,也只有牛的十亿分之一,却可以繁殖成几百只,成千上万只,挤满牲畜的肺、身体……真是恐怖的玩意!"

现在对科赫来说，时间、医疗所、责任、一边等待一边埋怨的病人都变得无关紧要起来。此时，他的脑子里全都被炭疽病的细线以及理不清的线团占据了。

一连8天，科赫都待在实验室里钻研着，重新创造着某种奇迹。他拿着含有一点杆菌汇集的悬滴，滴在了纯净的牛眼水样液里。

"这些杆菌已经繁殖八代了……这真是一个成功啊！我会将它们培养成完全纯粹的，不接触一切微生物！在这滴悬滴里，不会留下和死白鼠的脾有关联的东西，不会留下病组织……试想一下，如果我拿这些小东西来注射，这些杆菌还会在老鼠或羊的体内繁衍吗？又或者说，这些线真的会是炭疽病的病原吗？"罗伯特·科赫这样想着。

在第八代微生物的悬滴里，科赫看出了里面有浑浊的东西——其中有无数杆菌，他把些许涂在一片细木条上。接着，他娴熟地把这片木条安置在一只健康白鼠的皮下。

翌日，科赫继续观察安置在解剖板上白鼠尸体。他被希望弄得有些头昏眼花，仔细地在火焰上烤热他的刀……才几分钟的工夫，科赫就已经坐在显微镜前观察了：只见死白鼠的脾在两片薄薄的玻璃之间。

"太好了！我验证出结果了，"他高兴地喊出声来，"这是线，是杆！太棒了！这些都是来自我的悬滴的小杆菌，就像刚刚从死羊肝里取来的一样。这些杆菌会致人畜于死命的！"

就这样，科赫在这只白鼠的体内，看见了曾经在第一头死牛血中发现的微生物，只是在那个时候，他不知道那些微生物是不是活的。而现在，经过他不断地培养和实验，在杀死了一只又一只无辜的小白鼠后，才证实了：这些杆菌完全是一样的！

毋庸置疑，预言家巴斯德在当时所有研究家里，在所有曾经生存在这个世界的人里，他是走在最前面的，而罗伯特·科赫却超越了他，并且是第一个验证了某种微生物会产生某种疾病，验证了那些不起眼的，用肉眼看不见的小杆菌竟然是谋害牲畜的杀手。曾经，罗伯特·科赫研究着它们，却不知

道它们的习性：它们的容身之所在哪？它们或许非常顽强，或许也非常凶恶，我们的眼睛根本无法看清它们，它们或许会伺机对我们进行攻击，而我们却全然不知。

寻找根源和对策

有了这些成就后，罗伯特·科赫依旧沉着冷静，也不想着向世人公布自己的实验结果。在现代社会，人们往往无法想象：一个人做出了非凡的研究，有了非凡的成就，却不向别人炫耀。不过，他的反应也禁不住令人怀疑：一个德国乡村医生的这种迟疑和"谦虚"，到底意识到自己的成就没有？不论怎样，他还是坚持不懈，用那些看起来没有什么却可以随时致命实验，给豚鼠、兔子、牛羊接种。在这个实验的过程中，这些牲畜的身上就会受到微生物的侵袭。在数小时内，这些牲畜本来健康的组织内便全是毒素了，静脉和动脉被这些微生物堵住了；原本红色的血液变为黑色的……渐渐地，这些牲畜都会一一死去。

这样出人意料的成果，让罗伯特·科赫渐渐远离"无名医生"的队伍，一跃跻身于最有创造性的研究家中了。随着对微生物的研究，他对行医就越发地不关心。听见农家的病儿在哭喊，他置之不理；牙疼得都快要死掉的农民，他也不闻不问；最后，他不得不把需要诊治的病人让给别的医生了。科赫夫人为他的现状操心，希望他出诊时身上不要有消毒药水和豚鼠、兔子的气味。可是在罗伯特·科赫的眼里，他的妻子、病人都像是另外星球上的人，因为有一个新问题在困扰着他，使他坐不安稳，睡不着觉。

这样容易灭亡的柔弱的杆菌，怎样从有病的动物身上到达健康动物身上的呢？

对于炭疽病，欧洲的农民和兽医有着无数幻想，甚至有一些怪诞的信仰。诚然，这病的确可怕！他们怎么会相信这些病的原因：是由长仅二万分之一英寸的不足道的小东西——杆菌导致的。

"或许,你发现的细菌确实是杀害我们羊群的东西,但是医生,"养牛人对罗伯特·科赫发问,"为什么我们的牛羊在这块牧场上生长得非常健壮,而当我们把它们赶到那块水草丰美的牧场时,却像得了重病一样慢慢死去了呢?"

其实,科赫早已听说了这件奇怪而神秘的事。事实上,罗伯特·科赫知道在法国的奥弗涅,有一些生长着青草使人惊奇的山,那里的牛羊无不是因为炭疽病的感染而一只只,或者是几十只甚至几百头地死去。博斯乡下,土地肥沃,青草鲜美,牛羊生长得肥肥的。可惜的是,它们依旧没有逃脱命运的制裁——死于炭疽病。在夜深人静的夜晚,那些害怕的乡下人在炉火旁发抖,用细微的声音说:"难道我们的土地受到了上帝的诅咒么?"

这些小杆菌居然可以在乡下的山上活过冬季,甚至存活几年,它们是如何活下来的呢?罗伯特·科赫觉得这真是不可思议了。当他拿出一点布满杆菌的死鼠脾涂在一块洁净的玻璃上时,这微生物就逐渐变得模糊,然后破碎,随即消失。接着,他再将富有营养的牛眼水样液滴到玻璃片上,杆菌就停止了孳生。当他将干了的血液洗下来并重新注射到老鼠体内后,这些小家伙便在笼中不断地来回奔跑,活蹦乱跳。如此说来,那些在两天前还能杀死一头牛的微生物是死亡了!

"奇怪,究竟是什么东西让微生物可以在田野里活下去,而在我干净的玻璃上却生存不到两天就死去了呢?"科赫思考着。

有一天,罗伯特·科赫在显微镜下看到了一个奇怪的现象,微生物出现了奇怪的变化,让他有了解决问题的方法。他坐在板凳上,找出了该死的法国田野和山脉的秘密。他在那封闭的玻璃井中,放进了一滴悬滴,让它保持老鼠的体温。经过了一天的时间,罗伯特·科赫大叫道:"这是什么?"只见这些丝线慢慢变得模糊起来,接着每条线上都沾满细小的卵形物,还发着光,就像是一颗颗露珠,晶莹剔透的。

科赫小声地怒骂着:"一定是其他微生物混进了我的悬滴!"然而,当他十分细心地再次查看时,却明白了情况不是这样的。原来,那些闪着光的小珠子是在线的里面就发生了变化,让线的杆菌变成这些珠子。

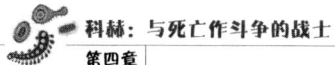

科赫把这滴悬滴干燥后,珍藏了起来。很快,时间就过去了一个月。当罗伯特·科赫再次透过显微镜看时,发现那串怪珠子还在,如同之前一样闪着光亮。接着,他拿一滴牛眼的纯净新鲜水样液,放在已经干燥的杆菌遗渍上。这时,奇迹又出现了,他看到珠子还是原来那些平常的杆菌,然后薄变成为长线。

"天啊!这些奇怪的发亮的小珠子又变回炭疽杆菌啦。"罗伯特·科赫忍不住惊叹起来,"这些小珠子一定是这种微生物的芽孢,它经得住十分冷和十分热的环境……炭疽微生物所以可以长时期生存在田野间,应该依靠的就是这个——杆菌必须变为牙孢!"

紧接着,罗伯特·科赫着手做着实验,看自己猜想的是不是正确的,合不合理。现在,他已经可以老练地取出死于炭疽病老鼠的脾脏。他小心地防备,不让空气中的微生物玷污这脾脏,能够使这些微生物保持在老鼠体温的温度中一天。结果没有让罗伯特·科赫失望,实验的结果正如前一次完全相同,这些微生物的线总是会转变为晶莹剔透的珠子。

科赫在实验室

在接下来的时间里,罗伯特·科赫一刻没有离开那间不大整洁的房间。在这里,他还惊奇地发现了一个新的现象,那就是:芽孢能够生存几个月!只要把这些芽孢放到新鲜的牛眼水样液里去或抹在细木片上塞入老鼠尾巴的根部,那么这些小东西立即就会变成致命的杀人武器。

"这些芽孢肯定不会在活着的动物体内产生,而只会在动物死后才出现,并且还保持着温暖的时候！"罗伯特·科赫一边这样猜想，一边做着实验：他把脾脏放进冰箱。几天之内，抹在细木片上的这个东西塞进老鼠体内。事实证明，他的猜想是正确的。

到了1876年，34岁的科赫从乌尔斯太因的原野中走了出来，他要向世界宣布：经过他的验证，微生物确实可以致病。

罗伯特·科赫把自己最好的衣服穿上，戴着金丝边的眼镜，把显微镜包好，几滴在玻璃小屋中的悬滴——这里面全是可以要人命的炭疽杆菌。除此之外，他还把一只装有几十只健康白老鼠的笼子也带在身边。这些白老鼠惊慌失措，似乎是预见了自己将要死亡的命运。

布雷斯劳是他此次出行的目的地，他将乘车前往，去拜访大学的植物学教授科恩。他要向教授展示炭疽微生物，揭开牲畜死亡的真正原因。曾经，这位植物学的老教授多次给他写信，给他鼓励和支持。而科赫也多次写信给科恩教授，告诉他自己在田野里所做的那些实验，科恩教授对此感到好奇。此时的老教授科恩，正想着如何把这个籍籍无名却又独具创造性的医生，推荐给大学里的教授专家们，当他想到这些专家们大吃一惊的表情时，不由得会心一笑。科恩将会邀请学校里最富盛名的医学家出席罗伯特·科赫的演出。

热情和理智

还好，他们很给面子地来了。不然的话，就为了听一个并非科学家的乡下医生的连篇屁话，他们当然是很不乐意的。好吧，不管怎么样，为了应付老教授科恩，他们还是如期地来了。可惜的是，罗伯特·科赫并不善于言辞，他没有用多余的话去叙述自己的过程，叙述自己的成功，而是要那些专家教授们观看自己的研究成果。连续好几个昼夜，他都只给他们看自己的成果，并且很快就看完了。要知道，这些研究可是自己经历了千万次失败才换来的。如今，这

些专家的权威受到了挑战，他们觉得这个无名小卒太不谦虚了，这无疑是奇耻大辱。而罗伯特·科赫并不想去争辩什么，他知道现在多说无益，只能做给他们看。当他拿起木片安置进老鼠的尾部时，那些经验丰富的病理学教授全都看呆了，科赫运用显微镜观察芽孢和杆菌的手法，简直就像是有了60年的惊异一样。

终于，欧洲最著名的研究疾病的科学家——科恩海姆按捺不住了。他快速离开讲堂奔跑到自己的实验室里，然后激动地对着那些正在实验室里研究的学生们说："年轻的小伙子们，快点放下手头的工作吧！跟我去见识一下奇迹——看看罗伯特·科赫医生那了不起的成果吧！这将令你们震惊！"科恩海姆教授一边说着，一边喘着气。

"罗伯特·科赫医生是谁呀？我们几乎没听过这个名字，教授。"学生们你看看我，我看看你，发出了一片质疑。

"小伙子们，不管他是谁，总之他有了一个很大的成果——足以震惊医学界，真是太惊人了！我需要告诉你们的是，罗伯特·科赫不仅不是一位教授，就连如何做研究工作也没有学过！可即便是这样，他依旧成功了！"

"可是教授，罗伯特·科赫发现了什么？有什么成果呢？"

"听我说，现在，对，就是现在。大家都需要去看看，用自己的双眼看清楚——这是微生物方面最美妙的发现……将使我们感到羞愧……"科恩海姆教授的话还没说完，包括保罗·埃立希在内的研究人员门，纷纷夺门而出，想要去看看到底是谁？他会带来怎样的惊喜。

是的，早在7年前，巴斯德就曾经预言过："在地球上扫除寄生物、120种疾病——这将是人都能做到的事情……"正当他这样说的时候，世界上那些最有名的医生和专家们都在想："这个家伙一定是疯了！"可就在这个晚上，罗伯特·科赫就向世界证明了巴斯德的言论并不是发疯了！他宣称：在什么时候才会产生炭疽病？在它们含有杆菌或杆菌芽孢时才会产生！这跟是不是新鲜、是不是干燥、干燥了多长时间都没有关系！在这铁一般的事实面前，我们必须扔掉那些关于——杆菌是炭疽病原因的所有疑问！"

不仅如此，罗伯特·科赫还告诉人们："一切死于炭疽病的动物，在死后一定要马上焚烧掉！如果没有条件焚烧，那就得把它深埋到地下去。地底下的温度低，杆菌不能继续成长，不会变成顽强的芽孢。"虽然那些专家教授们还是不能完全相信，但罗伯特·科赫已经尽了自己最大的努力来说服他们。

在布雷斯劳的三天里，罗伯特·科赫给大家带来一把利刃，并教他们如何使用此剑同他们的敌人微生物战斗，与潜伏的杀手战斗。就这样，科赫开始改变了医生的全部职责，不再以某些自以为的言论来胡言乱语，而是进行实验和研究再得出结果。在这场战斗中，他学会了相信科学，而不是那些所谓的迷信。

在布雷斯劳，罗伯特·科赫遇到了诚实宽厚的知己——科恩以及科恩海姆，他们为科赫的成果高呼呐喊。接着，他们的掌声和鼓励传遍整个欧洲，也传到了巴斯德的耳朵里。此刻，巴斯德开始担心起来：要知道，自己才是占据微生物猎人"霸主"的主人，怎么可以让科赫来霸占呢。

接着，科恩教授等人开始责备在柏林的帝国卫生局，并希望他们能够竭尽所能，给罗伯特·科赫创造一个好的科学研究环境，让他能够专心致志地研究微生物，为世人做出贡献。

如果罗伯特·科赫在这里是孤立无援的或者在布雷斯劳受到冷遇，他也许会安心地回到乌尔斯太因，继续做他的乡村医生。可事实上，罗伯特·科赫不仅没有受到冷落，还得到了人们的重视。接着，他带着妻子艾美和整理好的家具，迁居到了布雷斯劳。他在这里，继续干着医生的行当，一年的薪资有450元。如果这些还不够生活的话，他就会以私人行医的方式来赚取生活费。要知道，像他这样的知名人物，前来寻医问药的患者一定会踏破门槛的。曾经帮助过他的科恩教授和科恩海姆教授也是这样想的。可事实证明了，他们的想法是多余和错误的！自从搬到了布雷斯劳，罗伯特·科赫诊所的门铃，却没有人来按响。终于，罗伯特·科赫明白：这样的时局对自己是非常不利的！

心灰意冷的科赫于是又收拾起行囊，回到了乌尔斯太因。在这里，他依旧为研究微生物的实验努力着，并且略有成果：他学会了用不同的颜色染不同的

杆菌，这样的做法使得最微小的，甚至于肉眼看不见的小东西，逐一现出原形。他省吃俭用，终于买了一架照相机，并把照相机附在显微镜上。就算是在没有助手的情况下，也依旧能看见这些小动物的变化。

"是啊！如果世人没看见致命病菌的照片，肯定不会相信的！"罗伯特·科赫幡然醒悟，接着说道，"两个人不能同时用一架显微镜察看的话，把两个人画出来的细菌图对比肯定也是有所差异的。为了避免这些时间差和争论，我会用照片来说话，因为照片可不会说谎……"接着，罗伯特·科赫继续井井有条地研究着微生物。他在此之前的实验和研究的过程中，时常引发争论，如同两人吵架一般，但这并不足以影响他的实验。

1880年，科赫遵政府之命到柏林荣任帝国卫生局特别委员。在这里，他有了一个美观的实验室，有许多梦境中都没有的仪器；还有两名助手；研究经费也很充裕，如此一来，他每个工作日就能花16或18个小时在染色、试管、白鼠实验等问题上了。

现在，科赫所做的那些成果传遍欧洲大大小小的实验室，甚至横渡大西洋，勾起了美国医生对微生物研究的兴趣。于是，一场细菌学说的战争打响了！

医学界的医生和教授都想加入微生物猎人的行列，因为他们认为自己知晓显微镜的顶和底明显不同。在那段日子里，几乎每个星期都会传来有关微生物的好消息，说是发现了某种新的致命微生物——说微生物是让人患癌或伤寒或结核病的元凶。

那些热心的和抱有热情的研究人员们会大呼：有一种病菌会造成一切疾病，从肺炎到无名肿毒。直到另外一个痴人说梦话的人出现，人们才慢慢忘记上一个人的言论。而此时，有个糊涂蛋说：有些病是不同的微生物引起的，比如结核病。

随着对有关细菌的热情越来越高涨，人们在这方面的思维却变得越来越混乱。罗伯特·科赫发现，那些期刊上报道的关于细菌的理论，很快就会变成笑柄，甚至渐渐被人遗忘。那些胡说的言论，当然也是无法立足的！

当我们呼喊着，吵闹着想要装备齐全的实验室、具有一定研究地位的助手们、

丰厚的报酬时，应该想着让那些深受病菌毒害的人们减轻些痛苦。当然了，这些想法只存在于少数人的脑里。只要上帝多赐予人类几个罗伯特·科赫这样的人就行了，为什么要花费人力物力财力去养育那些糊涂蛋呢？

当那些无谓的热情淹没生物这门科学时，罗伯特·科赫却保持理智，把心思都放在研究上。"我深深地知道，每一种病都具有它本身特有的微生物！"罗伯特·科赫这样说着，那到底是什么？他并不是特别清楚，"我必须找一种可靠的方法，培育出一种细菌，这种细菌可以避开那些想要溜进来的细菌，不受到任何污染。"

如何把一种细菌隔离开来呢？这真的是一个难题。现在，在研究人员的实验室里不仅研究着微生物，还研究着仪器——想要把细菌们分离。一些微生物猎人设计出来的仪器非常之复杂，等到研制成功后却忘记了当初发明的原因了。多么悲哀的一件事啊！为了不让空气中的细菌掉到实验的瓶子里，有些研究家还想出了一种奇妙的办法，那就是：用一种毒性的杀菌药水喷洒，进行接种。

最佳培养液

一天，罗伯特·科赫偶然看见实验室桌上的半个熟马铃薯，马铃薯表面上分布着各种颜色的奇怪斑点，有灰色、红色、黄色、紫色等。他惊奇地说："这是什么东西？太奇怪了！莫非这些小斑点是空气中的细菌造成的？不行，我现在就要搞清楚！"

由于是近视眼，他观察马铃薯时，如钢丝般的胡子几乎都要戳进马铃薯里了。他拿出玻璃片，把它擦干净，再用白金细丝把马铃薯上的灰色小点挑出一点，放到显微镜下的两片玻璃间的清水里。这时，他清楚地看到一群杆菌正在游来游去，而每一种微生物都和这一滴里的小东西相同。接着，他依次观察了马铃薯上红色的点和黄色的点，他发现了三种杆菌：第一种细菌呈球形；第二

种杆菌似乎是在游泳；第三种活像开瓶塞的螺旋。不过，在某些地方的微生物，却是相同的。

突然，罗伯特·科赫激动地叫了起来："啊，这些点滴的每一点都像是某种微生物的纯粹培养物！当细菌从空气中掉入我们所用的液体中时，就会与液体中的某种东西重合，然后混在一起。当空气中的不同细菌落在这块马铃薯的固体表面上时，每一种细菌都只有留在它们掉下的地方，然后陷在那里继续生长，直到繁衍成千上万……肯定没错！一定是这样的。天啊！我又发现了什么。"

紧接着，科赫把这个消息告诉了两个助手：军医莱夫勒和加夫基。他要让他们知道，这个实验让整个猎取微生物的方式产生了变化，这简直就是划时代的！当然了，诚恳的法国人会说这是愚蠢的；严谨的德国人会检验实验的正确与否。他们坐在室内的窗前，罗伯特·科赫坐在其中一条高凳上对准显微镜，莱夫勒和加夫基分别坐在他的两边。

当时，两个助手心里暗想着，这个实验会摧毁当初的设想和希望。没想到，结果出人意料。他们发现罗伯特·科赫的预言太过真实了，真实得让他们目瞪口呆。他们制作两三种细菌的混合体，如果在液体汤瓶里培养，它们肯定不会分离解体。他们把这些微生物混合体涂在熟马铃薯划开的平面上，让空气中的每一种微生物都落定在自己的地方，然后繁衍，直到长成有几百万个菌体。

罗伯特·科赫仅仅用了半个马铃薯，就把猎取微生物从一种未知的事情转变为一种真实的科学，着实令人感叹：他实在是太受上帝的宠爱了。罗伯特·科赫说，自己已经追踪到十多种为人类带来绝症的"索命鬼"了。现在，罗伯特·科赫的任何实验和看法都不会受到别的医学家、科学家，医学研究学者等的疑问、批评和反对了。为什么呢？因为罗伯特·科赫是个聪明人，在没有十分把握之前，决不会开口说起关于自己的实验。加上他那谦虚的态度和认真的工作精神，使得人人对他佩服不已。

没多久，罗伯特·科赫便胸有成竹地去见鲁道夫·维尔荷教授了。鲁道夫·维尔荷教授是德国最富盛名的病理学家，一位著名的学者。他所熟悉的课题超出了人们的想象,可以说,就算是 60 个顶尖的科学家加起来,也不如他知道的东西多。总而言之,鲁道夫·维尔荷是德国医学界的领袖,他的一句话就能为血管中的凝块一锤定音。最值得人们骄傲的是,鲁道夫·维尔荷发明了很多令人难忘的名词——异位、发育不全、黄褐病等等,有些是我们这些常人听都没听过的专业名词。曾经,他大错特错地说结核与瘰疬是两种不同的病,他用显微镜做了有关病组织的描绘——用透镜观察过 2.6 万具动物的尸体。不仅如此,鲁道夫·维尔荷印发过上千篇科学论文,论述想象得出的各种各样的课题——小到德国学童的头形鼻状,大到脸色青黄的姑娘体内细小的血管,真是毫不夸张!

罗伯特·科赫来到这里,恭敬地上前拜见,用谦卑的口吻说:"教授,我找到了一种培养纯粹细菌的方法,不和其他细菌相混杂的。"

鲁道夫·维尔荷不可思议地回答:"你先说说,你是怎么干的?因为这在我看来,这是完全不可能的!"

"在熟马铃薯表面上,我找到了微生物单独的菌落。现在,我找到了一种更好的方法——把明胶与牛肉汁混合起来,使明胶凝固成为固体的面……"

鲁道夫·维尔荷听了之后并没有多大的振奋,而是说了句非常不屑的话,说要使不同种类的微生物不混杂在一起,是极为困难的,还问罗伯特·科赫,是不是应该给每一种微生物单独设置一个实验室呢?

对于他的嘲笑和质疑,罗伯特·科赫有些失落。是啊,对于那些知道很多事情的人来说,未知的事情应该是不存在的吧。不过即便是这样,罗伯特·科赫还是没有灰心。接着,他没有与鲁道夫·维尔荷辩论,也没有写文章去表明自己的立场,而是专心致志投身于所有微生物猎逐中。没多久,他的战斗就获得了不小的成果——他发现了最恶毒的微生物——在欧美死亡的 7 个男女和儿童中,就有一个就死在最恶毒的微生物手里。 接着,罗伯特·科赫做好了一切准备——缉捕结核病微生物。

结核杆菌

与那些狡猾的微生物相比，炭疽杆菌似乎是很容易发现的。事实上，炭疽杆菌是危险的，在患炭疽丧病的动物将死时，体内全部充满了病菌。可是结核菌呢？我们还不得而知。

如果真有这样的一种生物与之前的不一样的话，那相信有很多研究者还没有搜寻到它的足迹。虽然列文虎克的眼睛最尖，但就算是他看了100个病肺，也依然会找不到它。而巴斯德呢？虽然他的确是一位研究家，可是他不仅没有精确的研究方法，还缺乏耐心！此刻，有关结核病所知道的一切，不过是：既然可以从病人身上传给健康的动物，那就一定和某种微生物有关系！在这方面，一位法国老前辈维尔明是研究这病的领路人。

在布雷斯劳，教授科恩海姆研究出了一种可以让兔子患上结核病的方法：用一点病人的病肺放进兔子的眼前房，就可以在显微镜下看到生病的组织慢慢结合在一起，随之扩展，开始做它们的破坏性工作。这真是一种奇怪而聪明的实验。

当罗伯特·科赫研究了科恩海姆的实验后，暗暗说道："没错！这是我想要的！不过，我不能拿人做实验。也就是说，我现在只能用动物做实验了……这些可怜的小东西。不过，研究这种微生物，不仅是我所愿意做的事情，也是能够帮助世人的……因此，某种牺牲也是必要的……"就这样，罗伯特·科赫开始了工作。他做的工作周密而严格，如果你读到他的科学论文，一定会大吃一惊！

事实上，他第一个用作实验的竟然是一名得了结核的病人——36岁的工人。3个星期前，这个工人的身体还十分健康，突然一天，他开始咳嗽起来，觉得胸部有点痛。接着，他的身体如同融化的冰雪一样消瘦下去了。没多久，这个

人便不幸地死在了医院，结核节散布体内的每一个器官，他的器官里布满了灰黄色的小颗粒。

接下来，罗伯特·科赫便用这份材料开始工作了，由于莱夫勒和加夫基都忙于其他事情了，他就只能自己做了。首先，罗伯特·科赫把死者体内那发黄的结核节，用两把加热过的小刀轧碎。然后，把碎颗粒用注射针把它们注射到兔子们的眼里，再注射到一群可怜的豚鼠皮下。最后，他把注射了微生物的动物放进了清洁的笼子，细心地照看它们，并用最好的显微镜观察那些病组织。

接连好多天，他都没有任何发现。后来，他又用最好的透镜——比原来的清晰几百倍的透镜来观察。即便是这样，他也只能看到那些很健康的肺或肝的残迹。

"如果真的有结核病微生物的话，那它一定非常狡猾，不会让我轻易地发现它。不过我可以用一种有效用的染料把组织染上颜色，这样使微生物显露本来面目就不难了吧……"

时间一天天过去，罗伯特·科赫用各种各样的颜色，为那个死去的工人的器官里所含有的微生物染色。每次染色后，他都会把双手浸在杀菌的二氯化汞里，直到双手变得发黑发皱。接着，他把危险性极高的结核节材料涂抹在干净的玻璃片上，然后又把玻璃放在蓝色染料中……

第二天，罗伯特·科赫把染料中的样品取出来，放在透镜上面，调整好显微镜的焦点进行观看。一幅神奇的画面出现了：在残坏的病肺的细胞中间，躺着一堆堆极其细小的蓝色杆菌，细得不可思议。可以说，它们的长度不到1/15000英寸。

"啊！真是令人惊讶的小家伙们啊！"罗伯特·科赫自言自语道，"它们不像炭疽杆菌那样直……稍微有些弯曲……哦，等等，这还有完整的，如同盒子里的烟卷一样。哈，原来细胞里还隐藏着一个寂寞的恶鬼。难道说……我已经找到结核菌了吗？"

接下来，罗伯特·科赫精确地把那工人遗体的每一部分都染上颜色。实验结果显示：在任何地方——在被染色的地方都显示着纤细弯曲的杆菌。后来，

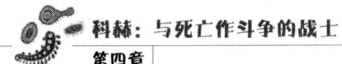

他窥探过成千患病的动物或人的内部结构,也窥探过健康的动物或人的内部结构,看到过很多细菌……却与现在看到的完全不同。哎!那些被注射过的微生物的豚鼠和兔子开始遭殃了:它们缩在笼子的角落里,原本光滑的毛也变得杂乱了;身体渐渐瘦弱下去;直到变得皮包骨头的时候,它们便开始一只只死去。这些小生命,就这样为了科赫的实验而奉献了生命。

当然了,罗伯特·科赫并不想让这些无辜的豚鼠死去,但是为了自己那着魔的好奇心、为了受疾病折磨的人类,为了自己的研究成果,他并没有停下脚步。他把死去的小动物们钉在解剖板上,把它们的皮毛浸在二氯化汞里,仔细地用消过毒的刀把它们一点点剖开。

在它们的体内,科赫竟然发现了灰黄色的结核节——与那位工人遗体内所布满的细菌是一模一样的,在每个细胞的中间,他还发现了那害人性命的弯曲杆菌。

"啊!我成功了……"他一边低声地说,一边把正在干其他事情的莱夫勒和加夫基叫来:"你们看!6个星期前,我把一丁点儿结核节放进这只动物,原本在它上面只有几百个杆菌,现在却繁殖到了几十亿!真是令人害怕,它们繁衍得竟然如此之快。这些细菌从豚鼠的腹股沟溜进了鼠身的各个部位,甚至穿透了老鼠的动脉壁,最后溜到老鼠的骨头里去。现在,这只老鼠满身都是这些细菌了……"

此后,科赫走遍柏林的大小医院,请求给他一些死于结核病的男女尸体。在太平间里,他度过了阴沉的白天;在实验室里,度过了只有豚鼠的吱吱怪叫声和急匆匆奔跑声的夜晚。虽然听起来让人害怕!但他已经习惯了这种环境了。

科赫从死于结核病人的身体里取出了病组织,然后注射在上百只豚鼠、兔子、3只狗、13只猫、10只拍着翅膀的鸡、12只鸽子的体内。他做着这种反常的接种,还把这种方法用在了白老鼠、家鼠、田鼠、土拨鼠的身上。在微生物的角逐中,像他这样惊人、透彻的研究是闻所未闻的。

"啊!真是令人心烦呢!"他禁不住说了声。爱抓人的猫用脚爪把尽是病菌的注射针刺进他的手里,对他来说,一个人面对这些未知的或令人新奇的东西时总是高度紧张的。只是,在这里面隐藏着一些危机。

不管怎么样，目前来说这位微生物猎人还没有出过差错。在这段时间里，他的手变得越来越干燥、发皱、发黑，可能是把手浸在二氯化汞中的原因吧！在当时，所有在摸索中的微生物猎人都会用这种化合物来擦洗一切，包括自己本身，这算是身体的付出吧。

日复一日，罗伯特·科赫的实验室都要变成动物园了，这些动物饱受纤细弯曲的杆菌的折磨，直到被这些小东西杀死。当它们死后，科赫又开始忙碌了。在一天24个小时里，有18个小时都沉浸在解剖中，即使他的双眼已经酸痛地流泪，也没有停歇。

"观察了这么久，我知道了只有在患结核病的人或动物身体里，才会发现这些染上蓝色染料的杆菌，在观察没病的动物或人的体内，就没有出现过这样的杆菌。"

"你的意思是说，已经找到了引起结核病的病因了？先生。"

"也许吧……如果是巴斯德的话，那么他一定会确定，但我却还不能！我需要再次证明——必须从死动物体内取得杆菌，并让它们在牛肉冻胶上生长繁殖。然后获得这些微生物的纯菌落，等再过几个月，才能把它们与一切生物隔离。也就是说，当我拿培养好的菌给那些健康的动物接种时，它们就会因此染上结核病……"说到这，罗伯特·科赫严峻的脸上终于露出了一丝微笑。

听着他的一番言论，莱夫勒和加夫基心怀惭愧的同时，对罗伯特·科赫也

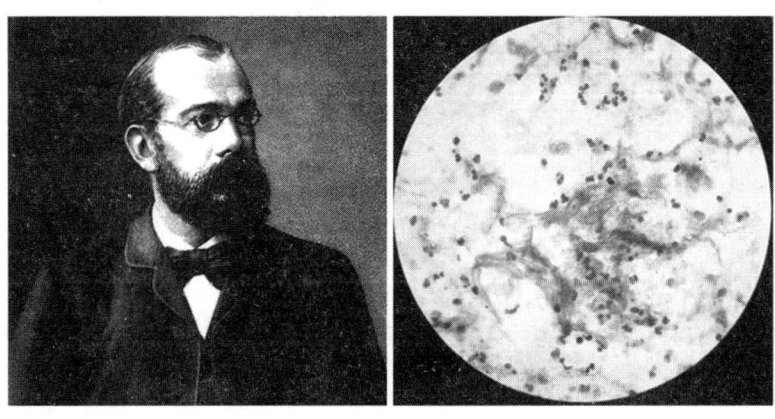

罗伯特·科赫及其发现的结核杆菌

有了一丝敬意。之后,科赫便开始着手在牛肉冻胶上培育纯粹的杆菌,想尽办法进行着一些混合物试验,终于,他配成了12种不同的好汤。然后,他把没有其他生物混杂在内的,挤满杆菌的病肺,放进了几百只试管和瓶子里。可惜的是,等到观察一段日子后,他并没有得到什么成果。也就是说,他做所的一切都是白费功夫。总之,这些纤细的病菌在有病动物体内,原本像热带园林里的野草一样繁衍着。那些病菌却对罗伯特·科赫调制的好汤,丝毫不感兴趣。

有一天,罗伯特·科赫忽然意识到了自己失败的原因:"原来,这些结核杆菌只能在活的动物体内生长!它们是百分百的寄生物!既然这样,那我就为它们准备一种食粮,让它们产生兴趣。"

就这样,一种著名的食品——血清冻被科赫创造了出来,以供给那些饮食挑剔的微生物享用。他首先到屠夫那里,要来了一些健康牛的凝血的纯净的淡黄色血清,经过加热后把那些可能掉进去的其他生物杀死,随后灌进几十支狭细的试管,并把试管斜放,抹上结核病患者的病组织。准备好一切后,他就把每一试管加热,直到血浆倾斜地凝结成胶冻。

某天上午,一只豚鼠染上结核病死了。他剖出几个灰黄色的结核节,用白金丝在每一试管的血清冻的面上都抹上了一些含有的杆菌材料。完成这个步骤之后,科赫松了一口气,然后把试管置入培养箱。

抹上结核病菌之后的第14天,罗伯特·科赫早早赶到培养箱前,拿出试管仔细看,天啊!他竟然什么都没有看到。

"我又失败了……"他喃喃自语,"我培养过的其他微生物,几天功夫就能大量繁殖,可这个呢……却一点儿反应都没有!"如果换作是其他人,可能会生气得把这些血清管丢掉,罗伯特·科赫却没有。仿佛有一个声音在他的耳边说:"再坚持一会儿!耐心点,我的主人。要知道,有时结核病菌要用几个月、甚至几年才会致人死命。也许,此时的它们正在缓慢地生长呢?再等等吧。"

在这个声音的鞭策下,罗伯特·科赫没有摔掉任何试管。到了第15天,罗伯特·科赫走到培养箱前,果然发现了上帝赐予的礼物:血清冻的面上布满了亮晶晶的微细斑点!他激动地拿出小透镜,一支试管一支试管地观察和研究着……

接着，罗伯特·科赫拔掉一支试管的棉花塞，将试管加热，随后用白金丝挑出小小薄片群中的一片放到显微镜前……现在可以肯定的是：他的努力没有白费。他首次观察到了弯曲杆菌——这些弯曲杆菌虽然没有在动弹，但肯定在偷偷地繁殖，而且是活的！要知道，这些身材纤弱的小东西，堪比那些最毒的毒蛇。

经过几个月的精心调研和观察，罗伯特·科赫相信自己已经离成功不远了。他的耐心和细心让人们惊叹不已，特别是在读那份有关结核病的经典报告时。事实上，在这段时间内，科赫在倾斜的血清冻管子中，用生结核病的猴子、牛和豚鼠的材料，培养出了43种不同的杆菌，足以让人或牲畜死于非命。可惜的是，他只能从患结核病的人或动物体内才能获取材料，从而培养出这些杆菌。这培养的速度有点慢——几个月来，他把杀人的小东西们从一支试管移植到另一支试管，不让其他微生物混进来。

"现在，我会把这些杆菌注射到健康的豚鼠体内，或者注射到所有的健康的动物体内。经过注射后，如果它们都患上结核病，那就说明结核病的病因已经被我找到了！"

这个受着强大的好奇心和探知的欲望鞭策着自己的人，像疯子一样全身心投入到实验室里。现在看来，他的实验室就像是一个动物园。对于那些前来问候和访问的人们，他变得古怪起来，不是发火，就是变成一个刻薄的、怀有恶意的魔王。

罗伯特·科赫把注射针消毒，然后把培养的起皱的微生物菌苔在清水里捣烂，给豚鼠、兔子、母鸡、鼠类和猴子注射。"对，我还需要对那些没有生结核病的动物进行试验。"接着，他来到室外，找来了1只乌龟、2只麻雀、5只青蛙、3条鳗鱼，给它们全都注射了杆菌。瞧瞧，多少动物为科研事业献出了宝贵的生命。后来，他还出奇地想到：用取自血清培养的微生物给金鱼注射。

几个星期又过去了，这天清晨，科赫如同往常一样走进实验室观察这些动物的反应。金鱼的嘴巴依然张合着，在水缸里悠闲自得地游来游去；青蛙依旧呱呱直叫；鳗鱼扭动着身体，一副逍遥自在的模样；乌龟看到他来，还伸出脑袋，似乎在炫耀："结核细菌对我来说就是小儿科！"可见，杆菌的注射

对它们是无害的。

与此同时,豚鼠显得有气无力,喘着粗气。没过多久,它们的身体就瘦弱下去,并一只只死去,看起来可怕极了!

这时,罗伯特·科赫开始了实验的最后环节,准备向世界宣称成果:结核病的确凿病原已经找到了!可到了这个关键时刻,他又决定去做一件事。"可以肯定的是,得病是因为人吸入了大量附于微尘的细菌。或者说,结核病人咳嗽出现的唾液散播在空气中,被其他人吸入体内。这样的话,健康的动物是不是也会这样被传染?现在,我必须对动物也喷洒一些我所培养的杆菌……这样我就会知道了……"

此时,他要做的事情具有很大的风险……不过他还是想冒着风险,来证明一下自己的猜想是否正确。他做了一个大箱子,把豚鼠、老鼠和兔子放进去后,将大箱子放在园子里。为了让动物们呼吸,他从窗户里通出去一根导管,管口是个喷壶嘴,安在箱子里。

每天,他都会花上半小时,坐在实验室里拿着吹风器,用以使在箱里的动物们呼吸。才10天的工夫,就有3只兔子透不过气了——正在为了呼吸到一点空气死死挣扎。25天之内,豚鼠结束了自己的生命,死于结核病。

罗伯特·科赫把这些浸透细菌的动物拿出箱子……换做是别人,一定不想和这些病菌、尸体打交道,认为这是十分冒险的工作。

霍乱杆菌

1882年3月24日,一次关于生理学的会议在柏林召开,会议在一间简单狭小的房间里举行。虽然会议场所比较简陋,但出席的都是德国科学界最优秀的人物。也因此,房间看起来也就蓬荜生辉起来了。当时,保罗·埃尔利希和最知名的鲁道夫·维尔荷教授也在场。不久之前,鲁道夫·维尔荷教授还对这

个愣头青不屑一顾呢！可现在，却坐在这里听他发言。

戴着眼镜的罗伯特·科赫站起来，颤颤抖抖地讲着一些话，手里的稿纸像是在跳舞一样，也颤抖起来。看他那紧张的样子，真是滑稽极了！真是没有见过大世面的人啊！

在这样的状态下，科赫以一种值得赞叹的虚心，把那杀人不见形的微生物的方法，清清楚楚地告诉在座的每一位。罗伯特·科赫说：每7个死者中就有一个死于结核病手里。他的言论没有华丽的辞藻，没有铿锵有力的声音，但这足以让人们惊奇！

他告诉人们：全世界的医生都可以了解这种结核病杆菌的习性，它们虽然很小，但杀伤力极强！接着，罗伯特·科赫又向他们详述这种纤弱微生物潜伏的地方，它们的力量、弱点。除此之外，他还说出了人类应该如何与纤弱微生物战斗，从而粉粹它们的阴谋，直到消灭它们。

科赫讲完以后，回到座位上，等待大家进行讨论或是提问，却无人质疑，也没有人讨论。于是，大家自然而然向鲁道夫·维尔荷教授看去，这是德国科学界的泰斗，若此时他的眉头稍稍皱一皱，那科赫的科研成果就会英年早逝。可是，鲁道夫·维尔荷教授什么都没说，他缓缓起立，把帽子戴上，然后走出了会议室，对于此次会议，他无话可说。

这个惊人的发现如果发生在200年前的欧洲，或许17世纪的人们只能在几个月后才能听到消息。可是现在是1882年，罗伯特·科赫发现结核病微生物的消息不胫而走，如风一般从召开会议的小房间飘了出去，以电报的形式传到了堪察加，送到了旧金山。

第二天一大早，各大报纸在头版头条都刊登了罗伯特·科赫的实验结果。接着，整个世界都沸腾了，科学界的医生和巨头们纷纷乘火车、搭轮船赶到了柏林，向科赫请教：猎逐微生物的秘诀；如何制牛肉汁冻胶；如何把细菌注射到豚鼠的身体内。

就在全世界的人们都为他一个人疯狂和痴迷的时候，科赫却淡然地说道："我的这个发现，并没有这么伟大。"天啊，他是不是谦虚过头了？不过确实，他

并没有想去享受这些，而只是想远离所谓的崇拜者，躲开学生们的纠缠，尽量把时间都用在研究上。事实上，他真的很讨厌教学工作。即便是这样，他还是去教日本人学习猎逐微生物，虽然他非常不情愿。在他看来，日本人说的德语，让人听了浑身不舒服；他们的听力比说话还要糟糕。他也教葡萄牙人，但是无论如何开导，葡萄牙人总学不会猎逐微生物的方法。

他还不得不出席非常无趣的招待会和接受勋章之类的活动。从这种场合一回来，他便立即进入实验室，指导助手莱夫勒如何研究和观察死于白喉的微生物。

就是到了现在，还有很多人认为：罗伯特·科赫并不能称之为"一位伟大的创造者"。但事实上，他确实拉开了科学进一步成功的序幕，让部分猎逐微生物的人成了痴狂的研究者，有的甚至将生命都抛却脑后，就是为了证实微生物是危险病症的原因。想一想，都觉得疯狂……

当费莱申医生离开罗伯特·科赫的实验室后，意外地发现了一种球形小微生物，它们连成串的模样。接着，他从患有丹毒的病人身上割下一块皮，用以培养这种细菌。接着，费莱申将这种链球菌的微生物给垂死的癌症病人注射，没过几天，这些癌症病人差点葬送了性命。这个胆大妄为的人，就是这样证实自己的研究：链球菌是丹毒病原。

罗伯特·科赫的另一个学生——巴塞尔的加雷医生，他庄严地将整整一试管的一种微生物注入自己的手臂。接着，加雷医生病倒了，生了一个大痈，20个疖子，样子十分吓人。要知道，他给自己注射的微生物们可能会要了他的命。事后，他在描述自己的经历时只是说感到身体"不适"，还自豪地说："现在，我知道了葡萄球菌就是疖和痈的病原了！"

1882年末，罗伯特·科赫和巴斯德进行了一番辩论后，开始去寻找另一种最纤弱、最容易消灭，也是最凶残的微生物的痕迹。

1883年，亚洲瘟疫直逼欧洲。这次瘟疫从印度溜出来，偷偷地穿过海洋和沙漠，来到埃及。顷刻间，这些微生物夺走了很多人的生命，使得地中海彼岸的欧洲惊慌不已。在亚历山大港，无人的大街显得静悄悄。是呀，大家都为了躲避瘟疫，都留在家里了。这个夺人性命的侩子手到底是什么？

为什么会出现？这在当时，还没有人知道。有的人早晨还很健康，午后身体就出现绞痛，夜里就丢掉了性命。天啊！你现在知道这些害人东西的危害了吧！

接下来，巴斯德与科赫开始了一场较量，同时也是法国与德国的角逐，他们都想成为第一个解开有关霍乱微生物的谜团。在一番准备后，罗伯特·科赫与助手加夫基启程了，陪伴他们的还有观察微生物的仪器显微镜和实验所需的动物。此时，巴斯德正在为如何研究狂犬病微生物而忙碌，因此他派出了出色的埃米尔·鲁和欧洲最年轻的微生物猎人特威利尔。

德国霍乱

在研究的日子里，科赫和加夫基来不及吃饭和睡觉，不知疲倦地解剖着死于霍乱的埃及人尸体。在高温封闭的实验室里，汗水不停地往下落。在这样的情况下，他们依旧没有休息，而是把取自刚死去的尸体的材料，注射到猴子、狗、母鸡、鼠和猫的身体里。

当两个研究竞赛队正在拼命猎逐时，霍乱却悄无声息地离开了……就像一个神秘的到访者一样，神秘地来，神秘地走。在这段时间里，他们谁也没有找到一种能够证明导致霍乱的微生物。哎！就这样，他们失去了找到微生物的良机。

当他们收拾行装准备回柏林的时候，奇迹却再一次出现了。

某个早晨，一个信差神色慌张地对他们说："法国调查团的特威利尔医生死了！死于这场霍乱。"天啊，这真是个悲喜交加的消息。当然了，他们的悲痛更大一些。听到这个消息，他们都愿意去勘察研究一下。罗伯特·科赫抬着一口棺材，这具普通的棺材里装载着特威利尔先生，这位年轻的勇士因为霍乱的袭击而死，着实令人悲痛不已。在墓地，罗伯特·科赫在棺上放了一个花圈，他这样致词："这个桂冠虽然很简陋，但它并不能遮盖勇者的光芒。"

因霍乱失去生命的特威利尔先生的葬礼刚结束，罗伯特·科赫就立即返回柏林，还带着一些藏有样品的神秘盒子。这些样品都是他用有效的染料染过色的——非常怪异的样子——就像是标点符号中的逗号。接着，罗伯特·科赫给国务大臣作了这样的报告："先生们！请允许我这样说。事实上，我已经找到了一种细菌。在所有的霍乱病例中，它都曾经出现过……虽然现在我还没有验证它就是霍乱的根源。但请给我一个机会，把我派到印度去吧，那里肯定还保留着关于霍乱的遗迹，我的前往一定会带来惊奇。"

就这样，罗伯特·科赫带着50只老鼠从柏林出发，乘船到印度的加尔各答。此刻，特威利尔先生也将自己的命运交到他的手上。在航行中，他晕船晕得很厉害。不知道在这个时候，同船的旅客会把他看作是一个什么样的人？是一个小小的传教士？还是一个研究的学者呢？或者是当作一个邋遢的矮个子小老头。

在印度观察过的40具尸体中，科赫都看见了逗号杆菌的身影。在刚染上这种死症的病人肠道内，他也发现了相同的微生物。然而，就在他检查过的几百个健康的印度人的时候，却丝毫找不到关于逗号的这种细菌。在健康人和动物的体内也没有发现这种细菌。很快，他有了一个新的想法：在牛肉冻上培养这种纯粹的霍乱弧菌，然后将它囚禁在试管之内。可是，当它一干燥的时候就死亡，又怎样穿透人的衣服潜入身体内的？在印度人简陋的茅棚里，他入迷地进行着研究、研究再研究——他听到了即将死于霍乱的无辜者的呻吟声……

罗伯特·科赫回到柏林时，受欢迎的程度只有和打了胜仗的将军才能比拟。"瘟疫决不是无缘无故引起的，一个健康的人是不会染上瘟疫的！除非——

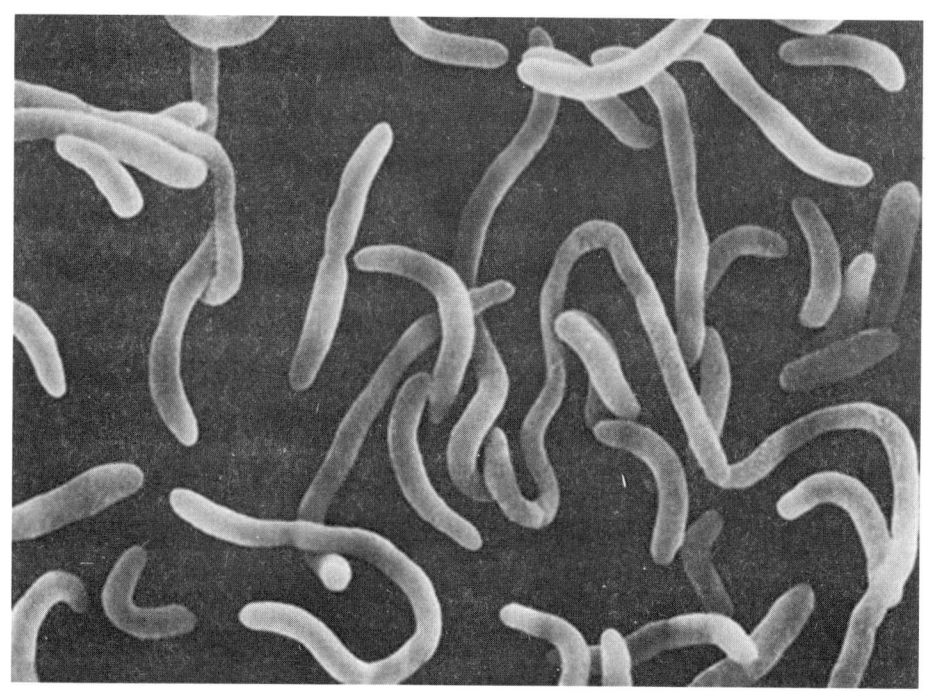

霍乱杆菌

他吞下了瘟疫弧菌。不过,这种细菌只能从同类产生,不能由别的东西产生或者无中生有。换句话说,它们会在非常肮脏的水里产生和繁殖。"他这样对著名的研究学者和医学专家们说。人们听到这个消息,都纷纷感谢罗伯特·科赫。多亏了他那奋不顾身的研究,才使得欧美人不再害怕瘟疫,即使它再强大,危害性再强,只要保持干净、卫生就不怕了。

该说再见了

德国皇帝亲手授予罗伯特·科赫一枚有星的皇冠勋章。即便如此,他的头上还是戴着一顶土气的帽子。当崇拜者向他恭维时,他只是说:"我只是尽了自己的职责……如果我的成功有过人之处,那就是在徘徊于医学领域时,遇到了一块未开拓的宝地。所以说，这些都不是什么值得炫耀的事情。"

然而，在老派医生和顽固的公共卫生学家中，却还存在着一些冒进的英雄主义者，他们认为：一切有关微生物的新说都是夺人眼球的胡说八道！不能被人们所相信。慕尼黑的一位老教授佩顿科弗，是反对罗伯特·科赫言论的领头人。

当罗伯特·科赫带着霍乱的罪魁祸首——逗号菌从印度返回时，佩顿科弗给他写了一封信，信中说："那些导致霍乱的病菌，是无毒的！我会证明给你看。"后来，他就把科赫送给他的试管里的所有微生物喝了下去。要知道，管内含有几十亿的逗号菌。这些几十亿的逗号菌足以使大队人马得到传染并丧失生命。可奇怪的是，佩顿科弗教授一点事儿也没有！接着，佩顿科弗教授还对科赫发出了轻蔑之声："看吧！看我是不是染上了霍乱？"即使到现在，人们都无法对于这一事件作出解释。

"霍乱与细菌一点儿关系都没有！关键的是个人的生性！"这位老医生大嚷着，虽然我们并不理解老医生所说的是什么意思。不过，罗伯特·科赫还是坚持自己的看法："没有逗号菌，就不会有霍乱！"

看到罗伯特·科赫这样的回应，佩顿科弗老教授驳斥道："可是我吞下了无数你所指的致命的细菌，却一点儿事都没有！"

像所有激烈的科学论战一样，双方都坚持己见，不肯听从对方的观点。或许，也正是因为这样，研究医学才有这么大的吸引力吧。在几十年出现的事故中，都表明了罗伯特·科赫所说的"人不食用逗号菌就决不会感染霍乱"的话是正确的！但与此同时，也证明佩顿科弗的实验也是正确的。天啊，这倒是让人们很为难，到底听谁的呢？哎，无所谓了，只要两个人的话都听，好好管理好自己，就应该没有多大的问题吧。

至今，关于这个真实的谜底还没有被微生物猎人揭开。杀人的细菌到处都是，能够轻易地潜入我们体内，然而被它们残杀只是极少部分人，大部分都不会丧命。这在当时看来，也是一个未解之谜。为了证实霍乱的真实性，还有的研究生物的人，因为不小心误吞了致命的霍乱微生物培养物，死于非命。相信，他也不想冒着生命危险。

现在，我们到了跟罗伯特·科赫说再见的时候了，继他之后的是路易·巴斯德，他的成就足以把科赫与其他微生物猎人推出我们的视线。细数科赫的成就，那就是他捕捉到了炭疽病、霍乱病和结核病微生物，让我们向罗伯特·科赫脱帽致敬吧，是他使得微生物成为一门科学，让人们知道了更多关于病菌的危害和起因。

第五章

疯狗与巴斯德

不要让那些反对和质疑的声音来影响你们！不要为某一时期所遭受的苦痛轻易放弃！在实验室里，在图书馆中，我们要时常问问自己：在接受教育后，我应该做些什么？当你们昂首向前时，再问问自己说：我能为国家做些什么？直到这一天，你们将会享受到无限的快乐，这种快乐对我们的国家，乃至全世界都有着巨大的贡献……

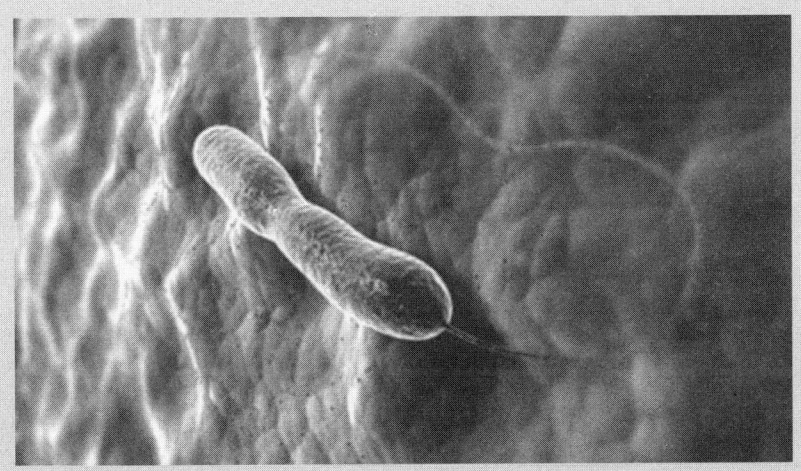

热情似火的探险者

千万不要认为巴斯德会允许自己名声和姓名在罗伯特·科赫对微生物杀人这一证实里被遗忘。如果是一个诗人或者是一个某时段的演员,他也许会因为新的佼佼者出现便退居幕后,把光鲜亮丽留给新人。但大家不要忘记了,巴斯德可不是这样的人,他可不愿意悄无声息地退居幕后,被人们渐渐遗忘。

在18世纪80年代后期,当罗伯特·科赫以他对炭疽菌芽孢的观点进行一番讲解后,德国的医生们都纷纷把眼光投向了巴斯德。是呀,一个仅仅是化学家的巴斯德竟然可以这么狂妄自大——随便说句话,就能否定一个医生常年对疾病的研究成果。

此时,奥地利医生塞梅尔韦斯已经证实了:产褥热是被感染的。要知道,

路易·巴斯德

巴黎的产科医院就像是瘟疫的温床，到处存在着潜在的病菌。不过，产妇们可不会把这当成是一回事，依旧欣喜地走进医院大门。每19个孕妇中，一定会有1个死于产褥热，让她的小宝宝成为没有娘的孩子。

有一所医院，被称为"犯罪之家"。为什么呢？因为这里已经有10个年轻妇女相继死亡——妇女们几乎不敢将自己交给医院，甚至抵制医院。直到后来，很多妇女都不敢再冒生孩子的危险，医生也常常束手无策，但又于心不忍地安排着病人的死亡。谁又想在迎接新生命的同时送走一个生命呢？

某天，在巴黎的医学研究院里，有位杰出的医生正在讲关于产褥热的原因，他那长篇大论的演讲并未给大家带来惊喜。说实在的，他是否清楚自己在讲些什么？

突然，有一个声音打断了他："妇女死于产褥热的事情，并不是像你说的那样！而是因为你们这些大夫！是你们把致人死命的微生物从生病的妇女传给了健康的妇女……"没错！说这话的就是巴斯德——他激动地离开座位，眼睛冒着怒火。

"哦！也许你是对的，但是你能找到那种微生物吗？我想不能……"这位医生说完后，还想继续讲下去……但此刻，巴斯德并没有给他机会，而是冲到过道上，拖着一条有些瘫痪的腿，走到演讲台，随手抓起了一支粉笔，对这位侃侃而谈的医生说："你以为我找不到这种微生物吗？先生，你错了！我已经找到了！它是这个样子。"说着，巴斯德开始在黑板上画出一个小圈圈构成的链条。会议因为这突如其来的变故，不得不中止。

当时，巴斯德已经快60岁了，但他那横冲直撞和热情奔放的性格，似乎一直停留在25岁。是的，他是一个化学家——一个甜菜糖发酵专家。他曾经告诉葡萄酒酿造者：如何让葡萄酒保鲜，不让它变质。他又宣扬：要为法国造更好的啤酒。的确，法国啤酒确实比以前好了。然而，在这些忙碌紧张的年头里，在他梦想着要缉获使人类遭遇到的灾难——疾病的元凶的微生物时，罗伯特·科赫比他先一步找到了原因。因此，他必须奋起直追，赶上罗伯特·科赫的成就。没错，他的确是第一个提出这个理论的人。在那时，罗伯特·科赫还是个孩子呢！可现在，罗伯特·科赫竟然超过了他，可想而知，他的内

心是多么的不甘心。

即使他再不满意,再不愿意相信——他还是追不上罗伯特·科赫。为什么呢?

首先,巴斯德从来没有给人把过脉或者瞧过任何患病的病人;其次,他不能分辨出肺和肝的差异;最后,他不知道如何拿解剖刀……多么严峻的现实啊!至于那些医院的气味和阴暗走廊里的呻吟声,让他作呕,甚至想要捂住耳朵逃开。

没过多久,这个不服输的老人——巴斯德越过了医学上的障碍,让我们为之震惊。现在,巴斯德已经有了三名助手:朱伯特、鲁和张伯兰。他们都是年轻的激进派,是反对陈腐的医学教条的领军人物。

当巴斯德在医学院作无人欣赏的讲演时,他们几个静下心来倾听;当他宣称肉眼不能看见的微生物会引起灾难——被大多数人讽刺嘲弄时,他们几个却点头称是。作为回报,三个青年把巴斯德带进自己的实验室,把动物内部的机构讲给他听;把皮下注射器的针头与活塞的不同亲自教授给他;还让他相信——给像豚鼠这种动物注射时,它们不会觉得很痛。就这样,三个青年人暗自发誓要追随他,与他一起寻找探知科学的大门。

其实,猎逐微生物是没有任何标杆性的方法的!每个人都有各自的方式方法,比如罗伯特·科赫,他是冷静而有逻辑的,他会以系统的实验,研究出结核病杆菌。在得到结果以后,他还会想到外界可能会提出种种的反对意见,该如何应对,该如何回答。在这方面,他是做足了功课。当他谈起失败时,总会轻描淡写或者用一句话概括,紧张的反而是别人。可以说,他的冷静有些极端,有些难以想象。或许在他看来,这并没有什么,只是把成果当作是别人的,而且还批评指正。

而巴斯德呢?他就像是一个热情似火的探险者,头脑里总会不断出现正确的理论和错误的猜想。没多久,巴斯德也开始着手猎逐疾病的微生物了。他在助手颈背上的疖子里钻个孔,取些材料培养细菌,而且他坚信这是疖子的病原。紧接着,他又去了医院,在死于产褥热的妇人身上找来了链状微生物。

你真的难以想象,他总是在没有合理的理由下来证明,甚至相信是蚯蚓把深藏在地下的牛的炭疽杆菌运到了地面上。看吧!人们总说他是一个奇怪的天才，是那么精神抖擞的天才。他的这种奇思妙想是我们所不能理解和踏足的。在这些工作中，你能够了解到巴斯德为了超越罗伯特·科赫，试了很多方法。

罗伯特·科赫以清晰的条理，说明了细菌是引起疾病的主要原因。当然，这并不是最重要的事情。最重要的事情就是要找出一种好的方法——能够防止细菌杀人，保护人类免于死亡的方法。

"痴人说梦！这么可笑的实验……关于这些，我们都讨论过。到了第二天，我们都觉得好笑。"鲁道夫·维尔荷教授在谈到巴斯德的摸索实验过程时嘲笑道。

要想了解巴斯德，必须了解到他的优缺点，性格等——除了知道他的成功，也要知道他的鲁莽和失败。的确，他根本没有精确的方法用以培养纯粹微生物。要想做成功一件事，必须得有科赫的耐心！

有一天，巴斯德大皱眉头，他发现用来培养炭疽杆菌的瓶子里——装有煮过的尿的瓶子，有着太多的外来物——空气中那些沾染杆菌的微生物。第二天早晨，他再也看不到炭疽菌了，因为它们全部被来自空气的杆菌破坏了。

这时，巴斯德又有了一个新的想法："如果空气中的无害细菌在瓶里破坏了炭疽杆菌，那它们在身体里也会这样干呢？"接着，巴斯德大声叫唤助手来进行这个不合常理的实验。他们先给豚鼠染上炭疽病，然后给这些小东西们注射了大剂量的无害微生物——有几十亿的剂量，让它们狂追炭疽杆菌，然后吃掉它们。

接着，巴斯德胸有成竹地宣布："这个实验能够救治疾病，让人们不再因为疾病而痛苦！"这话没说多久，就再也没听到他发布的任何消息了。

很快，科学研究院交给巴斯德一项任务——非常古怪的任务，就是让他研究出能够让微生物从凶残变为无害的方法。这个听起来是有点古怪吧！不过他还是欣然接受，开始做各种实验，想用致病微生物来对抗其同类，这样就不至于让人或牲畜死于那些看不见的病菌之下。此时，法国东部汝拉山区有一位叫洛弗里埃的兽医，正在大肆宣扬一种治疗炭疽病的方法，而且他还用这种方法救活了几百头将死的牛。那里的当权者说：现在，这个治疗方法是得到科学认可的时候了。

鸡霍乱的收获

在助手的陪同下，巴斯德到了汝拉山区，找到了这种奇迹般的疗法：首先让几个农民用双手使劲摩擦病牛，让它的身体变得发热，然后在牛的身上划出几道口子，灌进一些松节油。最后，在牛的身上抹上一英寸厚的在热醋里泡过的膏状东西。

看到这里，巴斯德按捺不住对洛弗里埃说："我们去做一个实验，证明染上炭疽病的牛并不是都会死，有的牛会自己好起来的。洛弗里埃医生，只有这样才能证明这些牛到底是不是你救活的！"

实验开始了，巴斯德当着洛弗里埃和农民委员会的面，在农民们牵来的四头牛的肩头都注射很多致病的炭疽微生物。注射炭疽微生物的量足以让一只羊丢掉性命，还能杀死几只豚鼠！

第二天，巴斯德、委员会成员和洛弗里埃又回到这里，观察被注射了炭疽微生物的牛，结果他们发现：四头牛的肩部都长出了一种大肿块；它们呼吸困难，看上去难受极了。这时，巴斯德说："医生，我们把四头牛分别命名为A、B、C、D，现在，请用你的医术来医治A、B两头牛，C和D就先不管它们。"

接下来，洛弗里埃开始给得病的A、B两头牛治疗。可随之而来的结果却让这位医生冒出了一身冷汗，原来他医治的这两头牛，一头好了，另一头死了；奇怪的是，那两头没有被医治的牛，也是一头好了，另一头死了。

巴斯德说："医生，这个实验也不一定可靠！这并不能说明被治好的牛是你的功劳！如果你治了A牛和C牛却不是A牛和B牛，大家就会以为是你救活了它们，有了治炭疽病的秘方。"

对着这曾经受到过炭疽病的攻击却没有受到伤害的两头牛，巴斯德思索着："我应该怎么做呢？难道说，用更歹毒的炭疽杆菌种给它们注射？要知道，在

巴黎的时候，有一种炭疽杆菌可以让一头犀牛在几个小时内就丧失性命。"

后来，巴斯德就从巴黎要来了那所谓的更歹毒的培养菌，并在已经康复的那两头牛的肩上注射了几滴。注射后，他们开始观察，可是两头牛毫无异样，并没有一点不适，就连牛的肩上也没有出现肿的现象！真是奇怪，这到底怎么回事？

忽然间，巴斯德有了定论："当一头牛患上炭疽病康复后，就不会被别的杆菌所传染了。"从这以后，这个念头就在他的脑袋里奔跑，弄得他茶饭不思，夜不能寐。当巴斯德夫人问他某些事情的时候，他就像没听见一样忙着做自己的事情，或许他真的没有听见，因为他实在是太着迷了。

"如何给一只动物染上炭疽病，又不使它丧命……我相信肯定有办法做到这一点，只是我还没有找到这种方法。是的，我一定要找出一种办法！"

接下来的日子里，巴斯德总会对两个助手说："这种疑难杂症不复发的原因是什么呢？真是太神秘了！"他一边走，一边自言自语道，"我们必须免疫——以免疫防御微生物……"

接着，他的两个忠诚的助手，用显微镜观察着从死于10多种病的人畜体内取来的材料。在两年的时间里，这个工作几乎像盲人摸象那样盲目地进行着。而在1880年的一天，或许是上帝把一种免疫的奇妙方法放在了巴斯德的眼前。

1880年，巴斯德在研究一种极小的微生物，小得令人难以置信——就是这个小东西让鸡染上鸡霍乱，从而丢掉性命的。培隆西托医生找到这种微生物，

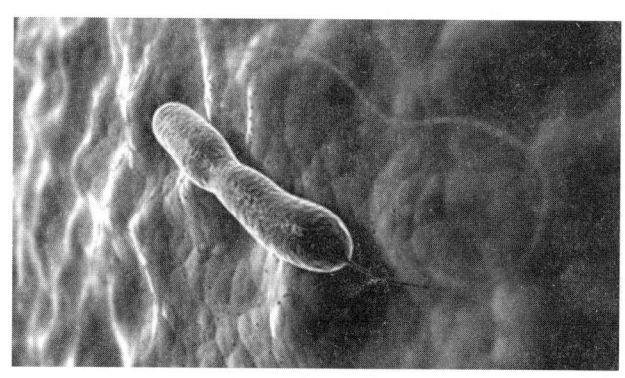

显微镜下的霍乱病毒

观察后发现：它就像是一个颤动的点。对这样的小东西，巴斯德使出了自己的方法，那就是：用鸡肉汤纯粹地培养它们。在这种研究实验中，用鸡汤培养微生物的方法，巴斯德可谓是第一人。

他注视着这些跳动的点繁殖到几百万之后，把全是这种微生物的鸡汁滴在面包上，然后再让鸡把这些面包吃掉。还没过几个小时，这只鸡便不再鸣叫，不吃食了。接着，它的羽毛蓬松，直到变得像只绒毛的球。翌日，巴斯德再去看它时，发现它已经站不住了，紧闭双眼，如同瞌睡一样，不一会它就永远长眠了。

他的两个助手细心地照料着这些恐怖的细小微生物，先是拿洗净的白金针在细菌成群的鸡汁里泡一泡，然后把这还没有干燥的针放置到没有微生物的肉汤瓶里。他们反复地进行着同样的动作，可结果却不像他们想象的那样——只有少数的细菌不停地在繁殖。

又过了几个星期，巴斯德暗暗想着：应该把这个乱摊子收拾一下了。就在他准备收拾一切的时候，幸运之神再次降临，于是巴斯德对鲁说："这瓶里的鸡霍乱微生物还是活的……它们已经有几个星期了……现在，你可以拿这几滴培养体给几只鸡注射一下。"

鲁立即按照巴斯德的话去做，没想到那些鸡不久就病怏怏的了。

第二天，巴斯德到实验室里以后，看起来这些鸡已经死亡。可当他把它们放到解剖板上准备解剖时忽然发现，这些鸡却又康复了。

"这可真是奇怪了！之前，我们培养的微生物，给20只鸡注射，就会有20只鸡死亡……"巴斯德暗暗称奇。第二天，巴斯德把这些康复的鸡交给了管家，带着家属和两个助手度假去了。

就这样，这些家禽被他们渐渐遗忘了……

一天，巴斯德对实验室的仆人说："拿几只健康的鸡来！我要给它们接种。"

"可是……巴斯德先生，你去度假之前就已经把最后的几只鸡注射了培养体，所以……现在它们都生病了，不过并没有死。"

看啊，仆人怎么会不注意到这些？为什么不去多准备一些健康的鸡呢？难道还要他跟在屁股后面追着喊着来告诉他吗?巴斯德心里一千个不愿意,但也只是适当地批评了仆人几句:"好啦,算了!把剩下的新鸡全拿来吧!用过的也拿几只来,拿染上霍乱但康复的那几只。"

鸡一拿过来,助手们就用含有大量细菌的鸡汤注射到鸡的身体里,也注射到康复的那几只鸡身上。第二天上午,巴斯德提前了一个小时来,其实他总是这样的。直到两个助手来,他才大声叫他们:"快!快来看呀!"

接着,两个助手来到鸡笼前。"看!我们注射过的新鸡都死了……可之前我们用陈旧培养体注射之后又复原了的几只,在昨天注射了相同的剂量后却活蹦乱跳的!这实在是太神奇了!它们完全抵抗住了这歹毒的剂量,它们看起来开心极了!很神奇对吗?它们完全没有一点儿事!"

两个助手你看看我,我看看你,然后又看看巴斯德。巴斯德看着他们,又气又急地说道:"你们还搞不清这是什么意思吗?哈哈,成功了!我们成功了!现在,我已经明白了怎样让动物们生一点病,却又能让它们复原……这真了不起!我们再也不用费劲地把病菌移植到新的瓶子里——只要放在瓶子里,让这些小东西自己随着时间的变化而变老。也就是说,微生物一旦变老,它们的杀伤力就不会那么大了,就会变得温驯了。当鸡染上这病,并康复以后,世界上所有的毒性微生物对它们都没有一点儿用处了!哈哈,这就是我最出色的发现——这就是我们发现的疫苗,比牛痘苗还要可靠,还要科学!可以说,没有人在牛痘苗里见过细菌……我们要拿这种方法应用到炭疽病中……在不久的以后,我们就能够拯救生命了!"

鸡霍乱菌苗和炭疽菌苗

此时,一个不如巴斯德有名气的人也在做着同样意外的实验——由于这不是人类计划出来的实验,而是凭靠不懈的努力和钻研才研究出来的东西。可巴斯德呢，一碰到这几只可怜的、无意中得到保护的鸡，马上就能看到如何抵抗毒性细菌的微生物……当然了，上帝总是残酷的，在未知的时间里不知道又会丢出什么让人难以克服的事情。

58岁的巴斯德已经到了知天命的时候了。当他偶然发现让鸡免患霍乱的这种菌苗时，他还是勇往直前，想要再次证明自己——开始了科学研究的困难之路。在这几年中，有着无休止的争论、意料不到的胜利、一次次的失望……总之，这几年中，他倾入了自己所有的精力。

巴斯德和两个助手让毒性鸡霍乱微生物在鸡汁瓶里衰老，然后将这些衰弱的微生物给几十只健康的鸡接种。虽然这些鸡立刻就反应出了不适，但没多久就恢复健康了。几天之后，当他们看着这些接种过的鸡对无数毒菌的注射都没有一点儿反应的时候，他们就知道了：微生物也是有脾气的。因此，他得让它们温驯一点，然后再让它们成为绝妙的武器，去抵抗其同类的袭击。

现在，以巴斯德那不断钻研的劲儿，他只是让那些鸡不会随时死亡而已。对于那些讲拉丁语、随意开药方的老派医生，可不会低着眉眼等着你来说一些结果，他们总是把头昂得高高的，藐视着和怀疑着。当巴斯德参加医学研究院会议时，耐心地告诉医生们——关于给鸡进行预防接种，并证实了杀害动物的微生物也正是挽救动物生命的同一种微生物！

对于巴斯德这番自视比伟大的詹纳还高明的言论，顽固派医生怒不可遏。著名的外科医生盖朗对巴斯德更是一番冷嘲热讽。是呀，对于他们来说，巴斯德不过是和鸡在一起待的时间长了一点儿，现在就敢在这儿自以为是。听到这番话，脾气火爆的巴斯德暴跳如雷，斥责盖朗的一次得意手术是全无意义的！于是，一场混战开始了：只见80多岁的盖朗向60岁的巴斯德扑去，照着巴斯德的身板就是一拳。在最关键的时候，朋友们赶紧跑了过来，制止了他们的搏斗，不然后果真是不堪设想呀！年纪都这么大的人了，真是不知道轻重！因为某种观点的不合而产生分歧，这是再正常不过的事情了，可是他们……

第二天，怒气未消的盖朗派助手去找巴斯德，想要来一场决斗，显而易见，巴斯德对这种危险性的活动没有兴趣。于是，巴斯德便委托盖朗的朋友给研究

院秘书带一封短信:"我不知道我是否有权采取抵御措施,所以希望您能给我划定一个合法自卫的处所。"通过此事,我们可以看出,巴斯德不过是一个平凡的普通人,说了一番普通人该说的话而已,根本无需去参与这些无谓的、毫无意义的决斗。当然了,你可以这样认为:他临阵脱逃了。可是,这对巴斯德来说是不公平的,他只是不愿意参加这样的决斗。

其实,巴斯德身上还有很多待发掘的故事。他常常能够在不知不觉中抓到上帝丢下来的赏赐。因此,他非常崇拜上帝,也常常在一个并不怎么成功的实验中随意下定结论,坚定自己已经了解到那些未知的东西了。现在,他又是这样。当他用已经温顺的鸡霍乱微生物注射鸡的妙计,使它们完全可以抵抗一种致命疾病时,巴斯德立即就会想到:"或许,我可以不让鸡患上其他毒性疾病!"接下来,他用了鸡霍乱细菌给一些母鸡接种,随后给它们注射确能致命的炭疽杆菌。结果——鸡居然没死。

看到这里,巴斯德非常高兴,他赶紧给自己的老朋友杜马教授去了封信,委婉地表达了自己发现了鸡霍乱菌苗——这种鸡霍乱菌苗很可能抗御各种毒性疾病。他说:"假如证明了这一点,我们就可以让这伟大的成果,应用到人类的疾病当中。"

老杜马看到这一消息非常激动,并且把这封信登在了科研院的通报上,而这就成了巴斯德向前冲刺的不幸纪念碑。事实上,巴斯德对这一研究定论还不是特别确切,尽管他很快就明白了:这种杆菌的菌苗并不能让动物抵抗一切疾病,

路易·巴斯德的研究所

而只是可以抵抗其中的一种微生物所造成的疾病。

看起来，巴斯德还有一个让人欣赏的特质，就像是不死鸟一样——能从自己的错误灰烬中成功复活。每当他展开天马行空的想象时，都会被现实狠狠地拍落在地面上。接着，他还是不死心地继续做实验，做那自以为聪明的实验，去挖掘出别人不能挖出的东西，去挖掘永恒的真理。

1881年，巴德斯在两位助手的协助下，找到了一种非常棒的方法来驯服恶毒的炭疽微生物，并使之成为一种菌苗。虽然，这并不是什么颇为震惊的事，但是他们在这项研究菌苗的工作中，精神高度集中，神经绷得很紧，连周末也没有，更别说什么度假了。晚上睡觉的时候，他们也住在实验室里，不离开那些试管，显微镜和微生物们。在巴斯德带领下，他们仔细地消减掉炭疽杆菌的毒性，使一部分能够伤害豚鼠的微生物不会伤害到兔子；一部分能够伤害小鼠的微生物不能对豚鼠造成伤害。接着，他们把已经削弱了毒性的微生物注射到一只羊身上，再注射较强的微生物，让羊得一点病，最后再复原。观察以后表明，这只羊完全能够抵抗得住剧毒炭疽病菌的侵入——即使这些微生物足以要了一头牛的命，那只羊依然安然无恙。

得到这个答案后，巴斯德立即把成果上报给科学研究院。以前他都是去医学研究院的，但是自从与盖朗大吵后，便不去医学研究院了。在科学研究院里，他说自己不久会发明种种极妙的细菌，能扫除从腮腺炎到疟疾的所有疾病。并且，他还大声说："在这些连续的毒菌中能找出一种菌苗，能让那些牲畜患上一点炭疽病但不会让它们丢掉性命，最后会让它们与这种病擦肩而过。"

他的这番言论让很多人不能接受，觉得他是在吹牛！夸大事实！还有人提出了异议。看到人们的反应，巴斯德气得火冒三丈。是呀！他那么辛苦得出的结论竟然就这样被质疑了？他怎么会甘心呢？不过在当时，他还是压住了自己的怒火，直到在回家的路上才得以发泄出来。他愤愤地骂道："这种狂妄的人！如果有一天他们也接受了别人的怒骂和质疑，这完全是意料之中的！"

他这样发怒值得我们原谅，虽然科学并不是毫无根据的，但他确实为了自己的目标奋斗过。在他的心中，只要能够研究出来，使得人们信服和崇拜，那

就是最好不过的了。可惜的是,上帝可不会总是垂青他,而是把敌人带到了他的身边。这个敌人就是他得罪的兽医——最著名的兽医杂志之一的编辑罗星约尔医生。这个坏心眼的罗星约尔医生,设下圈套,诱导巴斯德去做危险的实验,从而使他声名扫地。罗星约尔医生在默伦农业学会表明自己的立场,还对巴斯德的实验作出了肯定:"巴斯德说自己能制成一种炭疽病的菌苗,能够让牛羊绝对不会受到患炭疽病的菌苗的感染。如果这是真的,那真是造福法国百姓!由于炭疽病的存在,那些农民每年会损失2000万法郎!当然了,如果他真的会研制出这种东西,那我们当然很是期待!这将是农民和兽医的祈祷所得的结果。但如果实验失败,那巴斯德就必须停止研究和实验,那些关于'如何挽救牲畜或人的重大发现'之类的话就不要再说了!"老奸巨猾的罗星约尔医生如此辩解道。

接着,罗星约尔医生立即筹集了一笔巨款,采购了48只羊、2只山羊、若干头牛,还派了一名有名望的老男爵德·拉·罗歇特去见巴斯德。在奉承和怂恿下,巴斯德落入了这个已精心设置的圈套。

对于那些违心的期待,巴斯德坚定地说:"我会向你们证明那些菌苗是能够救命的!在实验室里,能够对14只羊有效的方法,在默伦对60只同样有效!"

一切都准备好了!巴斯德打算用别出心裁的方式让世人刮目相看!要知道,他不是一个演讲者,也不是一个表演者,就算他的某些言论让人不悦,但也绝没有去欺骗别人的意思。在一番计划之下,他决定在那一年的5月至6月进行公开实验。

在梦中,两位助手已经看见半鸡半豚鼠的怪东西,还不小心打碎了重要的烧瓶。醒过来后,两人便躺在床上想象着给无数豚鼠注射的情景。哎!这些工作让他们筋疲力尽了……还没休息多久,巴斯德就发来了一封电报,叫他们回去继续那枯燥而乏味研究。

电报的内容大概如下:

"速回巴黎,在世人面前验证菌苗确有保护牛羊不受炭疽病之功效。巴

斯德。"

于是他们马上动身回巴黎。巴斯德对他们说:"本次实验地点定于普依勒福尔农场,当着默伦农学会的面进行验证实验。实验内容是对24只绵羊、1头山羊和几头牛身上接种;而剩余的24只绵羊、1只山羊、几头牛不用接种。在限定时间内,我会在它们的身上都注射最毒的致命的炭疽杆菌培养液。当然了,经过接种的牲畜会很健康,而那些没有接种的,两天内就会丢掉性命。"

当他胸有成竹地说这些时,助手们发出了疑问:"不过老师,你知道这项研究目前还不稳定!我们无法确定这些菌苗会不会达到预期的效果,它也有可能会杀死我们需要保护的羊……"

看到助手居然对他提出质疑,巴斯德怒吼道:"曾经对14只羊有效的菌苗,同样也对50只羊有效!快去做!"好吧,崇拜和无奈的助手只得挽起袖子准备菌苗了。

第一次注射的日子终于到来!两个助手准备工作都做好了,并细心地在每个瓶上贴上了标签,用以区分这些微生物。

"千万要注意了!小伙子们。不要把第一次菌苗和第二次菌苗弄混了!"

路易·巴斯德做实验的羊

一切准备就绪后,他们就乘火车来到了普依勒福尔农场。当巴斯德走向关着那些牲畜的棚子时,就像是一个斗牛士,正在向观众致敬。接着,他郑重地向在场的共和国的上院议员、科学家、兽医、名公巨卿、几百个农民和一批新闻记者(其中有伦敦《泰晤士报》的布罗维兹)礼貌地鞠躬。

看见他那有些瘸的左脚,人群里有人暗自偷笑,有人热情欢呼,但巴斯德没有在意,因为他接下来所做的事情会让他们哑口无言。他把健康的羊群赶到一块空地,两位助手点起了酒精灯,像平常一样小心地取出玻璃注射器,给这些事先准备好的牲畜注射了5滴还没培养的菌苗,这些菌苗足以让小鼠立即死亡。每接种一只,他们就在这只牲畜的耳朵上做一个弧形标记。

完毕后,人们到一个棚子里听了巴斯德长达半小时的长篇大论。虽然不知道最后的结果如何,但能够给予农民和兽医等专家一些期待,还是一个不错的享受过程。

很快,12天又过去了。群众们再次来到了那里,观看他们进行第二次菌苗注射——比上次的剂量多,里面所含的杆菌能够使豚鼠立即丧失生命。这些牲畜跑来跑去,丝毫没有意识到危机的到来。最终,决定命运的试验结果越来越近了,在这个小实验室里,人们都屏住呼吸,巴斯德也显得从未有过的沉静。洗涤瓶子的小工,来来回回地走动着执行着命令。

每天,巴斯德的助手特威利尔都会走到田间,细心地测量着接种过的牲畜的体温,看看它们有没有发烧或是有什么不适。还好,他的这些担心是多余的——这些牲畜们很好地活着,身体很是健康。

在这段日子里,两位助手的头发愁白了不少,巴斯德却信心十足,以一贯的率直来评价自己,在信上写道:"如果实验能够完全成功的话,这将成为科学界的传说,成为世界的经典!"

看完他的信件,朋友们都摇摇头,然后耸耸肩,小声地说:"多么伟大的巴斯德啊!没有人比他更伟大了!"这样的赞誉,巴斯德实至名归。

伟大的实验

在 5 月 31 日,所有的牲畜们——接种过或未接种的 48 只绵羊,2 只山羊和几头牛都被注射了相同剂量的炭疽杆菌。他的助手一边跪在泥池上,一边动作麻利地把这毒物注射到 60 多头牲畜身上,周围的群众们立即肃然起敬。

瞧啊!巴斯德真是豁出去了。他要以自己科学界的声誉都交给这次实验,这真是一件非常英勇而又恐怖的事情。

夜晚时,巴斯德躺在床上无法入眠,来来回回起身 50 次。巴斯德夫人在一旁安慰他:"一切总会顺利成功的!亲爱的,不用担心。"即便是这样,他还是无法进入睡眠。接着,他起身去往实验室,向上帝祈祷着。现在的他不想坐气球飞到高空,也不想与任何人决斗,只是想让这次实验得到成功。到底能不能成功呢?相信这个夜晚有很多人都在想。

1881 年 6 月 2 日,这令人难忘的一天。人们纷纷来到了约定好的地方,就像是看一场比赛一样,场面热闹极了!在人群中,除了上院议员之外,还有地方议会议员、王公显贵和成群结队的新闻记者们。他们中的很多人只会在帝王和亲王们的婚丧大典中才会出现。可想而知,巴斯德的影响力有多大。

下午 2 点整,巴斯德和两个助手来的农场。这一次,现场少有偷偷笑的声音,更多的是热烈的欢呼声。结果表明:在两天之前,接种过的 24 只羊的身体里已经有了无数杆菌侵入它们的身体,可是此时的它们没有一只生病或死亡。看看它们活蹦乱跳的样子,似乎快乐极了!那些毒性巨大的杆菌对它们没有一点作用。再看看那些没有接种过的牲畜们吧,有 22 头已经四脚朝天,还有两只羊走路跌跌撞撞的,正在作着垂死的挣扎。接着,它们的嘴巴和鼻孔里都流出了发黑的血液。

这时,一位兽医高喊:"看啊!没有接种过的羊又死去了一只!"

载入史册

老百姓没有见过耶稣把水变成酒的神话,《圣经》里也没有记载过,但是在6月2日这天,巴斯德却创造了一个神话!这样的奇迹,如同耶稣所创造的奇迹一样惊人!那些曾经怀疑过他,嘲笑过他,甚至欺骗他的人都偷偷地低下了头,似乎在忏悔着。是呀,巴斯德的这一实验,用行动给予那些人狠狠的一击。而他的那两个助手,本来就对他很崇拜,现在就当作是一种信仰了。

这次发生在普依勒福尔农场的实验,从某种意义上来说,是人类与大自然对决的战场,这次实验可以载入史册。在历史上,普罗米修斯给人们盗来火种,伽利略的研究改变了人们的世界观,这些都未被当成神话。历史上还有无数个这样的天才,例如第一个发明车轮的人,第一个发明船舶的人,第一个驯服马匹的人,但他们都没有留下姓名。

炭疽菌苗的争议

而此时,巴斯德站在了世界的最中央,举世瞩目。各大媒体纷纷报道了此次试验。人们都看着那免疫的24只绵羊,在死去的24只羊身边奔跑。

现在看来,那一次实验使得某种信仰又死灰复燃了。当地24只羊咽气之后,昔日巴斯德最铁杆的反对者——兽医比俄,一改往日的尖酸,一边向巴斯德跑去,一边大喊:"巴斯德先生,请给我一点你的疫苗吧,我愿意用我的身体给你当实验体,就像你往羊身上注射那样,向我注射最猛烈的毒菌吧,所有人都坚信这是一项伟大的发现。"

还有一个可怜巴巴的人也随声附和:"是啊,我以前多么愚蠢,居然对微生物嗤之以鼻。现在我认识到我错了,请给我一次改过的机会好吗?"

"好的,但是我想跟大家说一句福音书上的话:一个知错能改的人,比99个不知悔改的高尚者更快乐!"巴斯德回答他们说。

巴斯德在查看疫苗

就连著名的布洛维兹也为之庆贺,在人群中奔走相告,最后向《泰晤士报》及各大报纸发了封电报:"本次于普依勒福尔农场进行的实验,实为人类之创举。"

当这个消息传播到世界各地时,却走了样。不明真相的人们还以为巴斯德发明了包治百病的神奇疫苗,大家期待着巴斯德的疫苗来拯救世界。整个世界掀起了一阵膜拜巴斯德的风潮。法国人最为狂热,将巴斯德称之为法国人最伟大的儿子,并授予他荣誉勋章;农学会、兽医学会,以及田间地头的农民和牧民都纷纷给巴斯德来电,希望可以获得他那神奇的疫苗。巴斯德也有求必应,毫不在乎自身的健康与科学逻辑。富有诗人情怀的巴斯德,此时已经失去了正常的思维逻辑,他似乎比那些崇拜者还要崇拜自己。

应外界所需,巴斯德把在高等师范学校里的实验室变成了一个菌苗制造厂。在一个大锅盛满了滚烫的汤汁——是为了培养出救命的微生物。两位忙碌的助手由于不够精心,使致命的杆菌削弱得只能使法国的羊群患上一点儿炭疽病,并不会受到很大的伤害。接着，他们将那些挤满杆菌的汤汁灌到小瓶里——每瓶几盎司。需要注意的是，瓶子一定要清洗干净，绝对不能含有别的细菌。即便是做着这样精细的工作，巴斯德都没有想过用合适的工具来完成这些步骤。又或许说，他根本就不打算购置这些东西。

在如此繁忙的工作中，助手们还得抽空奔走于法国各地，甚至奔赴匈牙利，观察一下那里牲畜的情况。他们在A地接种200只牲畜，在B地接种576牲畜，随着时间的增长，被他们接种的牲畜达到了几十万只。

这些四处奔走的接种人，终于劳困不堪地回到巴黎了。这时候的他们真想好好地喝上几杯，或者和美女们在一起消磨时间或者抽上几支烟，来缓解自己紧张而疲惫的身心。然而，古怪的巴斯德受不了烟草味……而酒和女人，怎么能比那些等着救命的牲畜更重要呢？因此，这些忠实的助手，只好无奈地继续投身于实验中去，用显微镜察看着炭疽杆菌，直到眼睛劳累得快要睁不开才停止。

没多久，一位法国农民向他们提出请求——想得到更多的菌苗。可是，此时的他们遇上了一个大麻烦：混进来污染菌苗的细菌，已经在炭疽杆菌中产生，这些杆菌只能杀害老鼠……当助手们正在努力挽救时，巴斯德进来批评和指责着。总之，他的火气实在是太大了！好在他并不是无缘无故地生气，长时间的实验已经耗费了太多的时间，他不得不生气。他实在是太想找到致命的狂犬病毒了！努力了那么久，现在却只能听着笼子中豚鼠的吱吱叫声；兔子的奔跑声；还有疯狗的吠叫声……事实上，在助手们一个个夜不能眠的夜晚，在他们依旧不知疲倦地工作里，已经帮助了巴斯德太多了。如果没有他们的帮助，巴斯德又能成就些什么？

一年之后，人们证实了：巴斯德虽然是一个富有创造性的微生物猎人，但却不是永远不会失手的上帝！要知道，上帝可不是任何人能胜任的！此时，在巴斯德的书桌上，已经堆满了信件——来自蒙特波提埃的怒气；来自法国的市镇的怒气；来自匈牙利的派克希和卡普瓦的怒气……原来，那些曾经被注射过会拯救生命的微生物已经害死了很多羊群！这个消息实在是不能接受，羊群并不是在危险的田野染上疾病，而是死于那些本来可以医治它们的菌苗！很快，

菌苗失灵的消息就传开了。

那些农民们原以为花钱买了菌苗就可以安心地睡眠了,可是第二天一起来,却发现了生病的羊群和死亡的羊群……

现在,巴斯德不愿意拆信了——他实在是不愿意看到人们的失望和落泪,也不愿听到从世界各地传来的怒骂和冷笑。一波未平一波又起,另一个坏消息传来了——在柏林的德国人科赫发表了一个残酷而又精确的科学报告。在这个科学报告中,科赫毫不留情地抨击了炭疽菌苗的实用性。巴斯德深知,科赫才是全球最精确的微生物猎人。

为了这些曾经灿烂的,现在已经烟消云散的成功,巴斯德又失眠了,久久不能睡去。没错,他是一个勇敢的人,但是他的勇敢却让自己付出了惨痛的代价。

不要忘记,巴斯德不是一个容易服输的人,事后他这样说道:"我曾经讲过,让羊群患上一点儿炭疽病,却不会因此丧命,所以它得到了保护。如今,我还坚信着自己的理论。"

没有人否定巴斯德是个出色的研究者,但是他的身上缺少了一些别的研究人员身上具有的无私。不过,即便是这样,他也不应该受到人们这样的责难,因为他不过是以自己的方式去寻求一种解决的方式,出发点是好的。可惜,当你真的失败的时候,人们只会站在真理的身边……

1882年,当有关于炭疽菌苗失灵的报告堆满了巴斯德的书桌时,他再也按捺不住了——他赶到日内瓦,在全世界的医学泰斗面前,作了一次深情而理智的演讲,主题是:如何用削弱了的微生物进行注射以护卫生物免于毒性疾病。

不仅如此,巴斯德向世人保证:"要相信我,真理总是在不远的将来出现!我们是有希望的!我们都为高超的热情,求进步求真理的热情充满了斗志!"在这场演讲中,对于那些因为菌苗而死亡的羊群们,他一个字都没提起。

听了这样一篇与科学无关的,但又激励人心的演讲,罗伯特·科赫透过眼镜朝他眨了眨眼,并施以微笑——虽然这个眼神和微笑并没有什么敌意,但在巴斯德看来,这分明就是一种嘲笑,一种被针扎的攻击。一向脾气火爆的巴斯德立即向罗伯特·科赫挑战,要求当众辩论。罗伯特·科赫却说:"我只想用书面语言回答巴斯德先生的讲演。"为什么科赫这样说呢？因为他了解自己的缺点，那就是不善于用口头语言来表达自己的观点。

没多久，科赫的书面答复出现了。

在这个书面答复中，科赫针对稀有的炭疽菌苗进行了以下的一番谈论：

"曾经，巴斯德先生不是说过：菌苗能杀死小鼠而不会杀死豚鼠吗？而我也做了一个实验，实验证明：菌苗连小鼠都杀不死。可是这奇怪的菌苗却杀死了羊！"

"曾经，巴斯德先生不是声称：菌苗能够使豚鼠丧生而不会杀死兔子吗？而我同样也做了一个实验，实验证明：菌苗能立刻让兔子丧失性命，还让羊丢掉了性命。"

难道说，巴斯德先生真的信任那些菌苗里仅含有炭疽微生物吗？为了证明这点，科赫医生又一次以实验来证明，实验结果表明：这些纯粹的培养液是各种细菌的集合地，里面有造成浮垢的恶杆菌，有一些奇怪的球菌，还有一些不应出现的其他的微生物。

你能说，巴斯德先生追求真理的激情真的是为了证明这些小东西产生的原因和危害吗？那么在大谈大规模和使用菌苗的好处外，为什么就不想一想副作用和影响呢？

"或许，这种做法会适用于商业广告，但是在科学界中，并不是那么的好用。"谁都可以想象，罗伯特·科赫的这番言论引来了多少民众的回答和巴斯德多大的怒火。

什么？多么大胆的科赫啊！他竟然说巴斯德的菌苗对科学界是不成功的？怒火下的巴斯德狠狠回击了科赫的言论："罗伯特·科赫是在1876年才投身科学的，而在20年前，我就开始研究如何分离微生物，使它繁殖于纯培养状态。现在，这个无礼的罗伯特·科赫竟然如此诽谤我！当然了，他的叫嚣不值得予以重视！"

他们的这番对峙，让法国人民难以置信，罗伯特·科赫竟然怀疑最高的科学领军人物之一的巴斯德！这样的讨论没多久就被压制下来，因为此时的巴斯德被选进法兰西研究院——法国人能获取的最高荣誉。在巴斯德当选入院的那天，连埃内斯特·勒南都来欢迎他加入伟大的四十院士行列。虽然勒南不是一个科学家，但他是十分有见识，还知道巴斯德在证明——削弱了的微生物能够保护生物抵抗毒性微生物时——即使不那么成功，也不能阻挡巴斯德在科学界的地位。不仅如此，在勒南的眼里，巴斯德就是天才！

试想，一个在科学研究里非常成功的巴斯德和一个精力充沛、满怀几种混杂的信仰的人竟然能够交谈，这多少能够引来大家的眼球。

后来，勒南给了巴斯德一些善意的忠告：

"先生，真理就像是一个最会卖弄风情的女人！太多的热情不能征服她，相反冷淡倒可以使得她顺从。很显然，当你以为快要抓住她的时候，她却出人意料地跑掉了；在你心灰意冷的时候，她又跑过来给你一丝希望。"

可见，勒南真的很聪明！他知道什么样的话会对巴斯德这样的鲁莽而不讲究真理的追求者起作用。他的这番话恰恰能够表达出巴斯德在科学研究上所遭遇的一切……

狂犬病疫苗

现在，巴斯德拿一支小小的空心玻璃管，放到患有狂犬病的疯狗的嘴里。天知道为什么他会这么做。看啊，那两个仆人撬开狗牙关时，巴斯德的胡子都快要掉进狗的嘴巴里了。如果被疯狗给咬一口，那真是要丧命了！就算是不丧失性命，染上疯狗的唾液，也是件不轻松的事情。到底巴斯德在做些什么呢？原来他是想在疯狗嘴里用管子吸出一些口水——作为样品，然后猎获狂犬病微生物。这是令人匪夷所思的！

在那时候，很多种严重的疾病的原因都没有被研究人员发现和探知——其中就有一种疾病狂犬病。如果不把患有狂犬病的疯狗看守好，那危险是不可估量的……

或许是巴斯德那火爆的脾气和执拗,才使得他敢于冒着生命之险来猎逐微生物。曾经,巴斯德也这样说过:"在我很小的时候,经常会听到被疯狗咬的受害者的叫喊声……我永远也忘不了那个声音……"是呀,那种状况只要想起来都觉得不寒而栗。对了,他还记得,在不到100年前,法国的法律还规定:禁止人们毒死、绞死或枪毙被得了狂犬病的人。可以说,巴斯德想要研究狂犬病的想法,肯定会受到大多数人的赞同和欢呼。

紧接着,他在一个死于狂犬病的小孩的唾液中得到了一种细菌,是一种不活动的奇怪细菌,还取了一个不科学的名字"8字形微生物"。他在研究院颂读了一篇论文后,便开始研究"8字形"的细菌与狂犬病的关系。不久,巴斯德证实自己失败了。不仅如此,他还与助手惊奇发现:这种"8字形"微生物在很多健康的人嘴里也出现过。

1882年末,巴斯德有了新的线索:"老兽医伯累尔送来几只患有狂犬病的疯狗,但也只有几只……所以,现在我们必须制造出能够产生狂犬病的病菌,不然的话,我们就无法继续研究了。"

而此时,巴斯德已经60多岁了……

一天,巴斯德冒着危险把一只疯狗赶入装有健康狗的大笼子,并且让它咬健康的狗。然后,两位助手从这只疯狗的嘴里取出一些唾液,装入注射器中——给兔子和豚鼠注射。

他们等待着,等待着一切变化和现象发生。6个星期之后的某天早晨,助手们看见两只狗在笼子里乱转,嚎叫着,另两只狗却没有狂犬病的病状……在几个月之后,这两只狗还是没有狂犬病的病状……这是怎么回事?对于这个实验,他们又陷入了苦恼和毫无头无绪中……

巴斯德对助手们说:"被疯狗咬后,病毒就会在人体的脑和脊髓里隐藏下来……但是……它们进攻的是神经系统……我们没办法寻找到它的足迹。或许,我们能用活的动物的脑子来代替一瓶肉汤……哦,上天真是会对我们出难题……"

听着巴斯德的话,助手们一边倾听着,一边想着如何来实现这些。要是别

疯狗与巴斯德
第五章

人听到了这番言论,一定会认为巴斯德疯了——用狗脑或兔脑代替肉汤瓶,真亏他想得出来!这真是可笑!但是助手们可不这么想:"老师,为什么不把病毒直接送进狗脑里呢?我们在狗的头颅上钻了一个小洞,然后把病毒送到它脑子里去……这并不难。"

不过,对于这样的建议巴斯德可不能接受!要知道,他可不是医生,所以根本不知道开颅手术这回事:"什么!就在狗的头颅上钻一个洞?天啊,这会要了它的狗命,这真是太冒险了!我坚决不允许这样做!"

由于他的慈悲为怀,巴斯德在快要接近上帝给他的提醒时又轻易地放手了。他的奇思妙想所带来的严酷现实,使他不得不松开手了。而他的助手却没有因此放手——以不服从命令而拯救了他。

当巴斯德离开实验室或在做其他事情的时候,他的助手——鲁便乘机拿一只健康的狗,给它一点麻醉,使得它变得没有知觉——不会感到一丝痛苦。接着,他在它的头颅上钻了一个洞,将可怕的病菌注射到它的脑子里:"希望你能好好活下来。"

第二天,鲁才把自己动手做实验的事情告诉了巴斯德。

"什么?那可怜的小东西在哪儿?天啊,它一定要死了!为什么你不听我的话……"当他看到那只已经接受过手术的狗,正活蹦乱跳的时候,巴斯德惊讶得快要叫出来了:"真是一条好狗,可爱的小家伙!"

巴斯德说:"真希望这畜生能够证实我的想法是有道理的……"两个星期一过,这只健康的狗便嚎叫起来——它撕碎了垫子,乱咬着笼子,以减轻自己的痛苦。也许,再过几天它就要死了。但是,你也将看到,这一只畜生的死会换来更多生命的奇迹,这是值得的,没错,这是值得的。现在,助手们有了确切的方法,可以让狗、豚鼠和兔子患上狂犬病,而且这个方法十分灵验,没有失手。

"我们不能找出这病的微生物,它们一定是太细小了,即使是用最好的显微镜也看不见。如果在肉汤瓶里不能培养,那么我们怎样才能够叫它活下去。或许,我们可以利用这种致命的病毒,在兔子的脑里成长?"巴斯德这样告诉

助手们。

事实上，在所有微生物猎逐中或任何科学上，从来就没有遇到过比这更古怪的实验了。在科学事业上，从来也没有比这个更不科学的科学的方法了。

他们之所以知道微生物的存在，是因为在兔子、豚鼠、狗的活脑子和脊髓里，都有着这样的东西在繁殖，加上被注射过的兔子痉挛而死和被钻过头颅的狗的惨叫……他们十分肯定。

接下来，巴斯德和助手们去做冒险行动了——驯服他们看不到的恶性病毒。在这期间，他们的实验也中断过，原因是助手们得赴埃及与霍乱作战。在那里，其中一个助手——特威利乐还为此丧生。

后来，巴斯德深入到法国乡村的猪圈，去寻找着杀害猪的微生物，甚至试图找出一种菌苗，能够防止这些危险的微生物生长。巴斯德和助手在实验室里，精神高度集中地进行着实验。

巴斯德就像是一个高高在上的官员，看管那些劳苦的犯人——助手们。他一边凝望着助手们的危险实验，一边望着工作室的玻璃门。他一看到有助手的朋友过来，立即就会出去拦住。或许，朋友只是来叫他们喝杯啤酒或者谈谈心。但巴斯德可不这么认为，他认为助手的朋友的到访会使得他们紧绷的精神松懈下来，这会让实验的进度变慢："不，不！现在还不行！你瞧，他们正忙着呢！这个实验很关键，请你谅解，先生。"

一晃眼间，几个月就过去了——他们却还是没有丝毫的收获！看来，他们失败了，就连从没说过丧气话的助手们，这次也说道："老师，不行了！我们失败了。"

看到他们这样的反应，巴斯德火冒三丈地喊道："把实验反复做下去！一次失败了有什么关系？我们不能轻易放弃，不能放弃这个课题！"哎，他就是这样对待他的助手们的，一次次地督促他们实验，即使有些实验并没有什么逻辑可言。于是助手们就像是被施了咒语一样，一次次地尝试着，直到快要接近成功。

当他们正在为实验忙碌的时候，一种古怪的叫声传到了他们的耳朵里。这种叫声对他们来说，就是一种美妙的音乐——它的出现让他们的面前出现了一

道曙光。他们互相对望着,心情激动极了!这到底是怎么一回事?原来一只被注射过足以致命毒素的狗生病了,并发出了一种古怪的叫声。可接下来的事情更让他们激动——这只病怏怏的狗竟然痊愈了。

几个星期后,他们把足以致命的毒素注射到一只复原的狗的脑里。很快,它小小的伤口就愈合了。此时,巴斯德多么希望眼前的小东西能立即死掉,但小东西像是较劲一样,依旧活蹦乱跳着。几个月后,这只狗还是活蹦乱跳,没有任何不适。

"啊!我知道了!事实再次告诉我们:一个动物在得了狂犬病后康复了,那就不会再复发了……现在,我们要驯服这毒素!我相信,一定会有办法的!"巴斯德激动地对助手说,助手们也纷纷赞成。

接着,巴斯德开始了种种实验。看,他书桌上摆满了实验大纲,潦草得根本看不懂!上午11点钟,他把前一天的结果认真记录下来后,就把助手们叫过来,让他

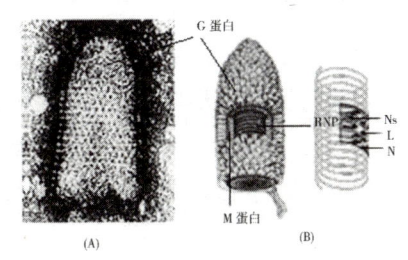

狂犬病毒

们读一读自己那种奇思妙想的计划——想要在兔子的身体里找到那种看不见的病毒,并减弱它的攻击性。

"快点吧!我们开始这个实验!"巴斯德对他们说。

"但是……医生,这个办法是无法实现的……这对我们来说……"助手们为难地提出了异议。

"正是因为无法实现,我们才要想办法去实现啊!快去吧!小伙子们,我相信你们会做得很好的!"

既然巴斯德说了这样的话,作为忠诚的执行者当然会执行。接着,助手们想出了最后一个方法——将残暴的狂犬病毒溶解。他们先取出一小片死于狂犬病兔子的脊髓,然后把这可怕的小东西放置在无菌瓶子里,使它干燥14天。要知道,就这么一点儿的神经组织,都是十分危险的。而现在,将它们注射到健康狗的脑里,狗却没有丢掉性命……怎么回事?令人难以理解!

"也许这病毒已经死掉了？死掉的病毒会降低一些危害性？应该是这样的！没错，是这样的。"看吧，巴斯德又毫无根据地作出了一个结论。

"我们来试试吧！看看另外几片毒物干燥12天、10天、8天和6天后，能不能让狗生一点狂犬病……也许到那时它们应该免疫了……"

接下来，助手们继续进行着一些没有把握的实验。在这14天里，巴斯德在实验室走来走去，一会儿发一些牢骚，一会儿又在笔记本上写些什么。第一天，他们给狗注射了已经在瓶里干燥了14天的材料；第二天，又注射了干燥了13天的材料，这些材料的毒性略强一点儿；这样每天持续注射……

直到第14天，注射了只干燥一天的病毒——或许注射了以后，动物就会立即死去……可是令他们想象不到的是——在几个星期之后，这些狗还是没有出现任何状况。天啊！这到底是怎么回事？难道是上帝在庇佑它们吗？看它们一个个活蹦乱跳的样子……它们可真是兴奋啊！此时，巴斯德心里想：如果这次失败，那么，这么多年所付出的辛苦就要付之东流了。我越来越老了……我等不了多久了。"

不管怎么样，实验还是照常进行。一天，鲁给两只接种过的狗和两只未接种过的狗的头颅上各钻了一个小洞，分别注射了剂量较大的病毒。

一个月后，巴斯德和助手们终于迎来了胜利——接种过的两只狗精神饱满，没有一点儿不适的样子；而那两只没有受过预防接种的狗已经奄奄一息，很快就丧失了生命。

现在巴斯德的脑子里想的全部是——消除世界上的狂犬病。他有着各种各样的计划，并沉迷在计划中不可自拔，就连最亲密的助手和巴斯德夫人也不知道他的计划。

1884年，当巴斯德忘记了结婚纪念日时，他的夫人写给了女儿一封信，里面说出了自己太多的无奈："你父亲沉浸在他的实验和思考中；很少说话；睡眠质量也很差；天刚蒙蒙亮就起床……总之，这样的生活从35年前结婚开始，一直持续到现在……"

刚开始，巴斯德甚至给全法国的狗接种，因为他的这种菌苗可以让狗变得

健康，也不再去危害人类。当著名兽医诺卡听到他的这个建议时，一边笑着，一边摇头说："你的这个想法真的是……要知道，光是巴黎就有成千上万只狗……如果是全法国的话，那数目就庞大了，有250多万只……如果每只狗都要连续注射14天的菌苗，那可真是耗时耗力啊！你去哪里去找人手？哪里有这么多时间？天知道你从哪里去弄来这么多兔子？到时候，你去哪里弄这么多得病的脊髓？再来制作出这稀少的菌苗？"

听了兽医诺卡的建议，巴斯德想到了一个办法："我们不是一定要给狗注射14次菌苗，可以给被疯狗咬了的人注射……当一个人被疯狗咬了以后，需要过几个星期才会发作……在这期间，我们可以注射14剂菌苗来拯救他们！"

很快，巴斯德把助手们叫来，想要拿狗来试一试。他们先是把疯狗放进有着健康狗的笼子，等到疯狗咬了那些健康的狗以后，再拿来取自狂犬病兔子的毒物给健康的狗注射。接着，再给这些一定会丢掉性命的动物，注射了一次比一次强有力的14次菌苗。最终，实验结果又一次震惊了他们，这些狗都活着！

现在，他可不想再像上次的实验后，招来不必要的麻烦和苦头。于是，他

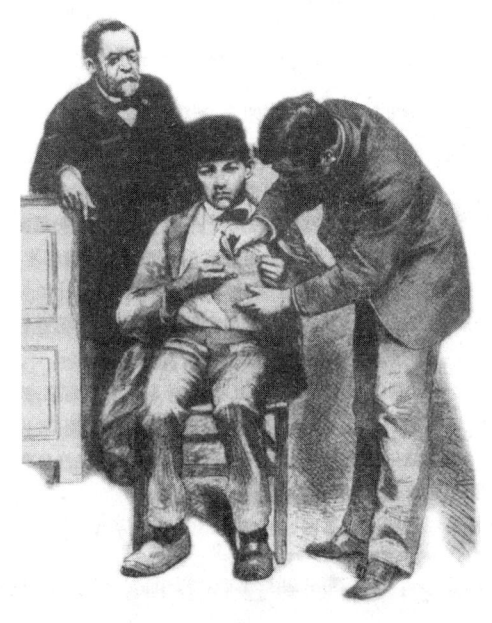

巴斯德观看接种狂犬疫苗

请法国杰出医学家组成一个调查团,对他的实验进行检验。经过实验后,医学家们纷纷向世界宣称:一只狗接种狂犬病疫苗之后,就对狂犬病免疫了,它再也不可能第二次得这种病。

接着,世界各地的信件如雪花般飞来,还有那无数个电报。这些信件和电报来自医生和那些慈爱的父母,他们不愿意自己的孩子因狂犬病而失去生命,他们写求救信给巴斯德,请求一些菌苗用在患有狂犬病的人身上。就连高高在上的巴西皇帝也屈尊致信巴斯德,请求得到一些菌苗……此时的巴斯德的心理状态,或者如你所料——七上八下!如果接种炭疽病的菌苗强了一点儿,付出的代价也不过是死掉几只羊。而对狂犬病来说,一旦失误那可就是一条生命……这真是一个棘手的问题。

"那些狗都被菌苗保护得很好,没有一只出事的……既然狗没事的话,那人也一定没事……但是……"可怜的巴斯德又不能安然入睡了。突然,他这样想:"如果我用这个方法在自己身上实验,并没有什么不适的话,那这个结果就非常棒了!"

想到这里,他便写了一封信给老朋友朱尔斯·维塞尔,不过他的这个念头还是被迈斯特夫人打断了——她带着 9 岁的男孩约瑟夫,哭诉着那凄惨的经历——在两天前,他被疯狗咬伤了 14 处。可怜的约瑟夫被吓坏了……

"巴斯德先生,求求你救救可怜的约瑟夫吧……"她哀求道。对于这样的"好事儿",他当然是不能拒绝的。最后,他们约定在下午 5 点钟。在这之前,他得去看两位医生——法尔班和格朗沙。这两位医生曾经来过他的实验室,亲眼目睹过巴斯德曾经做的实验:如何被疯狗咬过的狗不患狂犬病的完善方法。当天夜里,两位医生跟随巴斯德来看被狗咬的孩子。

"动手吧,如果不赶紧动手,那这孩子的命就不长了……"法尔班看着那红肿溃脓的伤口说。

1885 年 7 月 6 日,他们无法忘记这一天。在这天夜里,他们首次给人类注射减弱的狂犬病毒。后来,孩子回到了阿尔萨斯家里,顺利地度过了危险期,并再也没有出现狂犬病的征兆。

接着,巴斯德心安理得地用约瑟夫的事例向全世界说:我愿意拯救所有患狂犬病的人!很快,世界上那些曾经被疯狗咬伤——备受痛苦的人,都来到他那创造奇迹的实验室。

接着,他们将这些人按不同程度的伤分类,再根据不同的情况进行医治。这些人里,有着几十种语言的外国人,但他们都说着同一句话,那就是:"巴斯德医生,快救救我吧!"

巴斯德却以一种自嘲的口吻说:"我不过是个化学家……"即便如此,巴斯德还是回应了这些呼救,并拯救了他们。

接着,有19个从俄国斯摩棱斯克来的农民,他们都是在不久前被一条疯狗咬伤的。其中,5个人遍体鳞伤,走路都费劲,只得被抬到迪乌旅馆。他们戴着皮帽子,形态怪异,嘴里不停地念叨着:"巴斯德……巴斯德……"因为他们只会说这一句……看着他们的样子,巴斯德心疼极了。

路易·巴斯德在位于巴黎乌尔姆路上的一间实验室中为人们接种疫苗

很快,这件事就在巴黎轰动了……

人们开始关心巴斯德的实验,开始关心被疯狗咬伤的19个人。人们纷纷说:"也许他们都会死,要知道他们已经被咬伤有半个月了……哎!真是可怜的家伙……就这样丧失了生命！"

是呀，他们来得太晚了……不过既然他们来了，巴斯德就会尽自己最大的努力救治他们。为了挽回那些耽误的时间，他和助手们为可怜的农民一天注射两次菌苗。

没过多久，奇迹再次出现了——那些原本会丧失生命的人几乎都存活下来了。可惜的是，他们中间有3个人因病情太过严重而没有痊愈。紧接着，法国人民为他们欢呼，全世界的人们向他高唱赞歌。俄国沙皇授予了巴斯德一枚钻石圣安娜十字勋章，还赠予了10万法郎，用以在巴黎都托路兴建微生物猎人之家（现名巴斯德研究所的实验室）。

巴斯德不仅获得了巨大的荣誉，还获得了全世界人民送来的金钱，数额达几百万法郎,足以建设一座实验所。在这里，只要是为缉拿那些致命的微生物——为发明抗击它们的武器所必需的一切，都可以购置了！这足以可见，巴斯德的巨大胜利。在享受胜利时刻的同时，巴斯德却已经老得不成样子了……

1895年，巴斯德离开了人世。临终时，他一只手握着十字架，一只手被巴斯德夫人紧握着。陪在他身边的，还有两个助手及一些研究者。这些人中，曾经有人质疑过巴斯德，也嘲笑过他的愚蠢，但最终都被他的这种精神和成就所折服。

事实上，除了以这样的方式结束，在巴斯德的生命中还曾经有过一次辉煌，或许以那种在享受辉煌中的离开，是最好的选择。

1892年，就在巴斯德70大寿的这天，巴黎大学为他举办了一场盛大的寿宴，还赠送给他一枚奖章。在这场盛大的寿宴上，有许多来自其他国家的显赫人物、有巴黎大学的学生、有专科学院的学生、有高级中学的学生……就连李斯特也从英国赶来。

当法兰西共和国总统搀扶巴斯德走向主席台时，共和国近卫军乐队奏出了胜利进行曲。外科医生的巨头李斯特给了巴斯德大大的拥抱。此时，台下响起了一片热烈的掌声。

在一阵欢呼声中，年迈的巴斯德开始说话——不过他年纪太大了，声音已

经不像年轻时洪亮了,因此只得由儿子代读……在结尾处,是一首关于希望的赞美诗,与其说是为了拯救生命,不如说是为了人类获得新生活的呐喊。他向台下的那些年轻人们,向钻研于科学的研究人员们,向世界发出了号召:"不要让那些反对和质疑的声音来影响你们!不要为某一时期所遭受的苦痛轻易放弃!在实验室里,在图书馆中,我们要时常问问自己:在接受教育后,我应该做些什么?当你们昂首向前时,再问问自己说:我能为国家做些什么?直到这一天,你们将会享受到无限的快乐,这种快乐对我们的国家,乃至全世界都有着巨大的贡献……"